Belinda Anton

Ein Wintertraum
in Weiß

**Liebevolle Dekorationen und Rezepte
für die Winter- und Weihnachtszeit**

IMPRESSUM

Idee, Konzept, Texte, Hintergrundbilder (soweit nicht anders angegeben) und Fotos: Belinda Anton
Hintergrundbilder: Can Stock Photo Inc. (Spitzenhinterleger, S. 18/19, 64/65, 80–83, 88/89, 96–101, 106/107, 112/113, 150–155); hoverfly/Shutterstock.com (Rahmen, S. 6, 158)
Layout, Satz und Covergestaltung: Karina Moschke
Textarbeit und Korrektorat: Birgit van der Avoort
Programmleitung & Produktmanagement: Susanne Klar
Druck & Bindung: Neografia, Slowakei

© Lifestyle BusseSeewald in der frechverlag GmbH Stuttgart, 2014

Materialangaben und Arbeitshinweise in diesem Buch wurden von den Autoren und den Mitarbeitern des Verlags sorgfältig geprüft. Eine Garantie wird jedoch nicht übernommen. Autoren und Verlag können für eventuell auftretende Fehler oder Schäden nicht haftbar gemacht werden. Das Werk und die darin gezeigten Modelle sind urheberrechtlich geschützt. Die Vervielfältigung und Verbreitung ist, außer für private, nicht kommerzielle Zwecke, untersagt und wird zivil- und strafrechtlich verfolgt. Dies gilt insbesondere für eine Verbreitung des Werkes durch Fotokopien, Film, Funk und Fernsehen, elektronische Medien und Internet sowie für eine gewerbliche Nutzung der gezeigten Modelle.

2. Auflage 2014

ISBN: 978-3-7724-7387-6 · Best.-Nr. 7387

Belinda Anton

Ein Wintertraum in Weiß

Liebevolle Dekorationen und Rezepte
für die Winter- und Weihnachtszeit

Lifestyle
BUSSE SEEWALD

Inhalt

Vorwort 6

Besinnliche Momente 8
Teestunde vor dem Kamin 28
Von der Natur inspiriert 36
Vom Winter verzaubert 46
Zu Gast bei der Schneekönigin 56
Schneeweißchen und Rosenrot 66
Die Engelsbäckerei 84
Lichterglanz 116
White Christmas 124

Nachwort 157

Dank 158

Bezugsquellen 160

Vorwort

Mein Gartenjahr ist vorüber. Die letzten Pflanzen sind ins Winterquartier gezogen, die Gartengeräte stehen wieder sauber an ihrem Platz. Nun bricht eine neue Zeit an, auf die ich mich das ganze Jahr über freue, denn die Vorweihnachtszeit ist für mich kostbar und voller magischer Momente.

Ich freue mich auf den ersten Schnee, auf lange Spaziergänge durch den Winterwald und gemütliche Stunden vor dem flackernden Ofen. Kerzenlicht erfüllt den Raum und verheißungsvolle Düfte ziehen sich durch die Adventszeit.

Der Dezember mit seinen süßen Versuchungen, prallen Genüssen und kleinen Wundern. Viel zu schnell geht alles vorüber, so vieles will erlebt und ausprobiert werden. Lassen Sie sich inspirieren und verzaubern.

Genießen Sie jeden Tag aufs Neue und halten Sie die Augen auf, sonst verpassen Sie vielleicht Ihr ganz eigenes Weihnachtswunder …

Ihre
Belinda Anton

Besinnliche Momente

Viele verbinden mit der Vorweihnachtszeit Stress und Hektik, doch Weihnachten hat noch eine andere Seite. Wenn am Morgen der Wecker klingelt und der Winter der Natur ihren weißen Mantel übergestreift hat, liegt das Haus noch still da. Wir genießen unseren Tee bei Kerzenschein und werden von unzähligen Eisblumen am Fenster begrüßt.
Die Küche ist erfüllt von orientalischen Gewürzen und wochenlang begleitet uns der Duft von Zimt und Anis. Wunderschöne Momente und kostbare ruhige Stunden, in denen wir unsere Fantasie auf Reisen schicken.
Eine magische Zeit beginnt, Momente voller Gemütlichkeit, kuschelige Abende vor dem warmen Ofen, knisterndes Herdfeuer und sanfter Kerzenschein.
Feierliche Stunden mit Freunden und vorweihnachtlichen Leckereien. Wir rücken wieder ein Stück näher zusammen und besinnen uns auf das Wichtigste im Leben: Familie, Freunde und Zeit, um sich etwas Gutes zu gönnen.
Nehmen Sie sich eine Auszeit vom stressigen Alltag und tanken Sie neue Kraft. Der Winter lädt ein zu langen Spaziergängen in märchenhafter Landschaft; in der Sonne glitzern Schneesterne wie funkelnde Diamanten. Stille liegt über dem Land und nur das Knirschen des Schnees dringt ans Ohr. Es wird gebastelt und das Haus legt sein weihnachtliches Festtagsgewand an.
Es ist eine Zeit der Freude, Liebe, Schönheit und kleinen Überraschungen. Lassen wir uns inspirieren und verzaubern.

Adventskalender

Ein Adventskalender gehört seit dem 19. Jahrhundert zur christlichen Tradition und versüßt uns die Zeit bis zum 24. Dezember. Jeden Tag öffnen wir ein kleines Türchen und so steigt allmählich die Vorfreude auf Heiligabend.

Dieser Adventskalender gehört meinem Mann. Ich habe ihn aus weißen Papiertüten gefertigt. Er ist ganz einfach nachzubasteln.
Die Zahlen habe ich mit meinem Grafikprogramm erstellt, ausgedruckt und auf Papiertüten geklebt. Oben kommen Löcher hinein, sodass die Tüten sich mit Paketschnur leicht öffnen und wieder verschließen lassen. Im Inneren verstecken sich süße Köstlichkeiten, kleine Gedichte, Verse und Gutscheine.
Auch alte Einmachgläser lassen sich zauberhaft umgestalten. Dafür werden die Gläser mit weißer Kreidefarbe gestrichen und mit Ziffern beklebt. Alte Servietten oder Stofftaschentücher eignen sich hervorragend zum Verpacken der Geschenke. Mit Kordel verschnürt und mit Federn und altem Notenpapier verschönert, sind sie ein toller Blickfang. Besonders schön wirken sie, wenn Sie unterschiedlich große Gläser benutzen und diese auf einer Kommode oder einem Regal arrangieren. Später können die Gläser als Windlicht genutzt oder im nächsten Jahr wiederverwendet werden.

Zeit für Gemütlichkeit

Nach getaner Arbeit ist eine heiße Tasse Tee mit seinem wohlriechendem Duft genau das Richtige. Die Teemischung lässt sich aus Äpfeln, Hagebutten, Orangenstücken, Zimt und Ingwer selbst zubereiten. Zusätzlich kommt eine sternförmig ausgestochene Apfelscheibe hinein. Sie sieht nicht nur hübsch aus, sondern schmeckt auch lecker. Statt Plätzchen backe ich lieber kleine Weihnachtsgugel. Diese werden immer nach einem Grundrezept zubereitet und dann geschmacklich variiert. Wahlweise kommen Marzipan, Kaffeelikör, weihnachtliche Gewürze oder auch Eierlikör mit hinein. Die Hälfte der kleinen Kuchen tauche ich in dunkle Schokolade und bestäube sie mit feinem Glitzerpuder. Die kleinen schimmernden Köstlichkeiten fülle ich in hübsch dekorierte Einmachgläser. Als Plätzchenersatz sind sie einfach unwiderstehlich!

Dichter Nebel liegt über der Landschaft. Der Boden ist aufgeweicht und das Wetter lädt nicht unbedingt zu ausgedehnten Wanderungen ein. Eingekuschelt in eine warme Decke, sitze ich im Wohnzimmer, schmiede Gartenpläne für den nächsten Sommer und gönne mir eine kleine Auszeit vom Alltag. Bei Kerzenschein mit einer warmen Tasse Blütentee lässt es sich wunderbar von Rosen und pastellfarbenen Stauden träumen.

Der Advent wird begleitet vom winterlichen Duft und der aromatischen
Vielfalt in der Küche. Jetzt ist die Zeit, neue Rezepte auszuprobieren und
vielleicht das ein oder andere für das Weihnachtsessen zu planen.
So gibt es einige Zutaten, die ich in der Weihnachtszeit immer im Haus habe,
um nach Lust und Laune zu backen und zu kochen. Auf meine Liste gehören
unbedingt: Kaffeelikör, Ingwer, Schokolade, Rum, Johannisbeergelee,
Cranberrys, Zimt, Sternanis, Marzipan, Portwein und noch einiges mehr.
Die Vorfreude auf den ersten Bissen ist immer groß. Ich ziehe mich
dann gerne in meinen Lieblingssessel zurück, um die verführerischen
Gaumenfreuden in Ruhe zu genießen.

Weihnachtstrifle

1 Vanilleschote
400 ml Milch
200 g Cranberrys
2 EL Speisestärke
40 g Vanillezucker
4 Eigelbe
100 g gehackte Zartbitterschokolade
5 Löffelbiskuits
20 ml Kaffeelikör
4 EL kalter Kaffee
1 TL Karamellsirup
¼ l Sahne
1 EL Zucker
Zimtpulver
4 EL Schokoraspeln

REZEPT FÜR 4 PERSONEN

Die Vanilleschote längs aufschneiden und das Mark herauskratzen. Von der Milch 4 Esslöffel beiseitestellen und die restliche Milch mit dem Vanillemark, der Vanilleschote und den Cranberrys aufkochen, bis die Beeren aufplatzen. Die Vanilleschote entfernen und die Mischung beiseitestellen. Die Speisestärke mit dem Vanillezucker mischen und dann mit der Milch-Mischung und den Eigelben glatt rühren. Zusammen mit der Schokolade in der noch warmen Milch verquirlen. Erhitzen, bis die Masse eine dickflüssige Konsistenz annimmt. Nicht kochen lassen! Anschließend beiseitestellen.
Die Biskuits grob brechen und mit Likör, Kaffee und Karamellsirup beträufeln. Die Schokoladencreme auf 4 dekorative schöne Gläser (eventuell auch Trinkgläser) verteilen. Die getränkten Biskuits auf die Creme geben.
Zum Schluss die Sahne mit Zucker und Zimt steif schlagen und in die Gläser füllen. Mit Schokoraspeln verzieren. Vor dem Servieren mindestens 1 Stunde kühl stellen.

Weihnachtspost

Handgeschriebene Briefe und Postkarten gehören
an Weihnachten zur Tradition.
Für die Karten plane ich einen ganzen Basteltag ein.
Aus alten Notenblättern, Briefstücken, weißen Federn
und anderen Utensilien entstehen so schöne Unikate.
Die Postkarten versehe ich oft mit einer Kordel,
um diese aufhängen zu können – so sind sie ein toller
Blickfang in der Weihnachtszeit.
Die Flügel habe ich aus altem Notenpapier aus-
geschnitten und mit französischer Spitze beklebt.
So wird daraus beispielsweise eine Einladungskarte
für den Adventskaffee.
Die antiken Kegel habe ich mit Kreidefarbe gestrichen
und ein Schildchen mit der Aufschrift »God Jul«
aufgeklebt. Ich verschenke die Kegel in kleinen Kartons
und dekoriere diese mit einigen Tannenzweigen.

Mit Liebe schenken

Ich liebe kleine Geschenke und mache anderen gerne eine Freude. Doch es müssen nicht immer große Überraschungen sein. Mir ist es viel wichtiger, etwas mit Liebe zu verpacken und zu verschenken. Hübsche Verpackungen sind keine große Kunst. Man benötigt kein teures Papier, es kommt vielmehr auf die kleinen Details an. Am liebsten benutze ich für größere Pakete Packpapier. Sie bekommen damit eine zünftige Note. Wer eine schöne Handschrift hat, kann das Papier zusätzlich mit kleinen Weihnachtsgedichten, Glücksbotschaften oder einfach mit »Frohe Weihnachten« beschriften. Bei diesem Papier verwende ich rustikales Küchengarn. Jetzt fehlen nur noch Tannenzweige und Anhänger – fertig.

Alte Mehlsäcke eignen sich ebenfalls, um Geschenke wirkungsvoll zu überreichen. Bei kleineren Präsenten nehme ich gerne Stoffreste, Tortenspitze, Schachteln oder selbst gebastelte Tüten. Mit etwas Schleifenband oder alter Spitze lassen sich diese wunderschön verzieren. Verwenden Sie nicht zu viele unterschiedliche Materialien und achten Sie auf harmonische Farbkombinationen.

Aus Christbaumspitzen lassen sich schöne Dekorationen zaubern, beispielsweise in kleinen, mit Moos befüllten Töpfen. Zum Weihnachtsambiente schmücke ich meine Sträuße zusätzlich mit neutralen Kugeln. Auch Tannenzapfen und andere kleine Weihnachtsaccessoires können mit eingearbeitet werden.
Es gibt viele unterschiedliche Spitzen, die in einem Stillleben besonders gut zur Wirkung kommen. Die selbst gestalteten Weihnachtskugeln sind aus Styropor und Papier gebastelt und lassen sich auch als Kerzenhalter umfunktionieren. Durch die Töpfe bekommen sie einen guten Stand. Zusätzlich schmücken antike Schachteln aus Paris weitere Stufen der Leiter.

Weihnachtsgeschichten

Mucksmäuschenstill sitzen die Kinder und lauschen der Stimme, die von kleinen vorwitzigen Engeln und Tieren erzählt. Auf dem Tisch flackern die vier Kerzen des Adventskranzes und in einer kleinen Email-Schüssel liegen frisch gebackene Lebkuchen. Kinder genießen diese Zeit am Abend, um zur Ruhe zu kommen und den Weihnachtsgeschichten zu lauschen. Die Fantasie lässt sich wunderbar auf Reisen schicken, wenn die Welt rundherum in Zimt und Sternenstaub gehüllt ist.
Das antike Märchenbuch der Gebrüder Grimm ist sicherlich schon hundert Jahre alt und gibt ein schönes Accessoire ab. Die hübsche alte Schrift ist hier und da nicht mehr lesbar und die dünnen Seiten dürfen nur ganz vorsichtig umgeblättert werden. Aber den Geschichten aus diesem dicken Buch lauschen schon viele Generationen von Kindern.

Teestunde vor dem Kamin

Den Winter mit all seiner Schönheit genießen.
Wie wundervoll! Am Nachmittag brechen mein Mann
und ich zu einer Wanderung durch den schneebedeckten
Wald auf. Die Luft ist herrlich erfrischend und im
Schnee entdecken wir frische Spuren von Tieren. Nach
einem zweistündigen Fußmarsch erreichen wir das
historische Städtchen Herrstein und kehren in unserem
Lieblingsrestaurant »Die Zehntscheune« ein. Dieses
historische Gebäude wurde mit viel Liebe renoviert. Wir
mögen seinen rustikalen Charme mit dem großen Ofen
und den alten Eichenbalken.
Das brachte mich auf die Idee, das Interieur in dieses
Buch einzubeziehen. Vor allem das Kaminzimmer
eignet sich hervorragend für diesen Zweck.
An einem Wochenende verwandelte ich diesen
Raum mit eigenen Accessoires in einen gemütlichen
Weihnachtstraum. Kränze, Kerzen, Geschirr,
Tischdecken – alle Dinge bekamen liebevoll ihren
Platz zugewiesen.
Das warme Feuer sorgt für eine tolle Atmosphäre und
so genießen wir in diesem wunderbaren Ambiente
meine selbst gebackenen Lebkuchentörtchen.

Um das rustikale Ambiente hervorzuheben, dekoriere ich mit Naturmaterialen. Der traditionelle Kranz aus frischen Tannenzweigen, kleine Tannenbäumchen und unterschiedlich große Zapfen schmücken den Kamin und spenden ein herrliches Waldparfum. Dazwischen einige Utensilien aus Bauernsilber. Mein Kranz auf dem Tisch besteht aus einer Strohunterlage, die ich mit Flechten beklebt habe. Vier Kerzenhalter können so leicht hineingesteckt werden und dienen als Adventsgesteck. Zusätzlich wird noch mit einigen Lärchenzweigen dekoriert.

Bei eisigen Temperaturen gibt es für mich nichts Schöneres, als zurück in ein warmes, behagliches Zimmer zu kommen. Für den Nachmittagstee decken wir den Tisch vor dem warmen Ofen. Der Duft von Holz durchzieht bald den Raum. Auf der kleinen Kommode brennen Kerzen und in der alten Teekanne verströmen frischer Ingwer und Zimtstange eine feine Duftnote.
Gemütlich sitzen wir auf der kleinen Chaiselongue, bequeme Kissen im Rücken, und pusten in Tassen mit dampfendem Tee. Der Ofen verbreitet eine wohlige Wärme und unsere Haustiere liegen gemütlich auf dem Läufer vor der Wärmequelle. Das Holz knistert und der Duft von Wald und Natur durchweht den Raum. Langsam klopft die Dunkelheit an das kleine Fenster, doch das Feuer und die vielen Kerzen spenden noch ausreichend Licht.
Wie häufig sitzen wir hier an kalten Wintertagen! Eine kuschelige Decke liegt über den Beinen und nur noch die Füße, in dicke Wollsocken eingehüllt, schauen hervor. Es ist herrlich entspannend, in das prasselnde Feuer zu sehen und zwischendurch am Tee zu nippen. Hierhin ziehe ich mich oft mit einem spannenden Buch zurück oder liege gemütlich auf dem antiken Sofa, einem alten Erbstück der Familie.
Und so genießen wir den wärmsten Raum im Haus, wenn draußen vor dem Fenster Schneeflocken rieseln, und träumen von den Dingen, die noch kommen mögen.

Behaglichkeit

Trotz einer praktischen Heizung lieben wir unseren Ofen. Das knisternde Feuer verbreitet Geborgenheit. Es wärmt nicht nur das Haus, es wärmt auch das Gemüt. Stundenlang kann ich hier verweilen und auf das flackernde Holz schauen. Die grauen Steine im Hintergrund geben dem Raum Struktur und Tiefe und schaffen einen reizvollen Blickfang. Diese behagliche Wärme kann nur ein Ofen schaffen. Das gestapelte Holz im Korb ist eine großartige rustikale Dekoration.

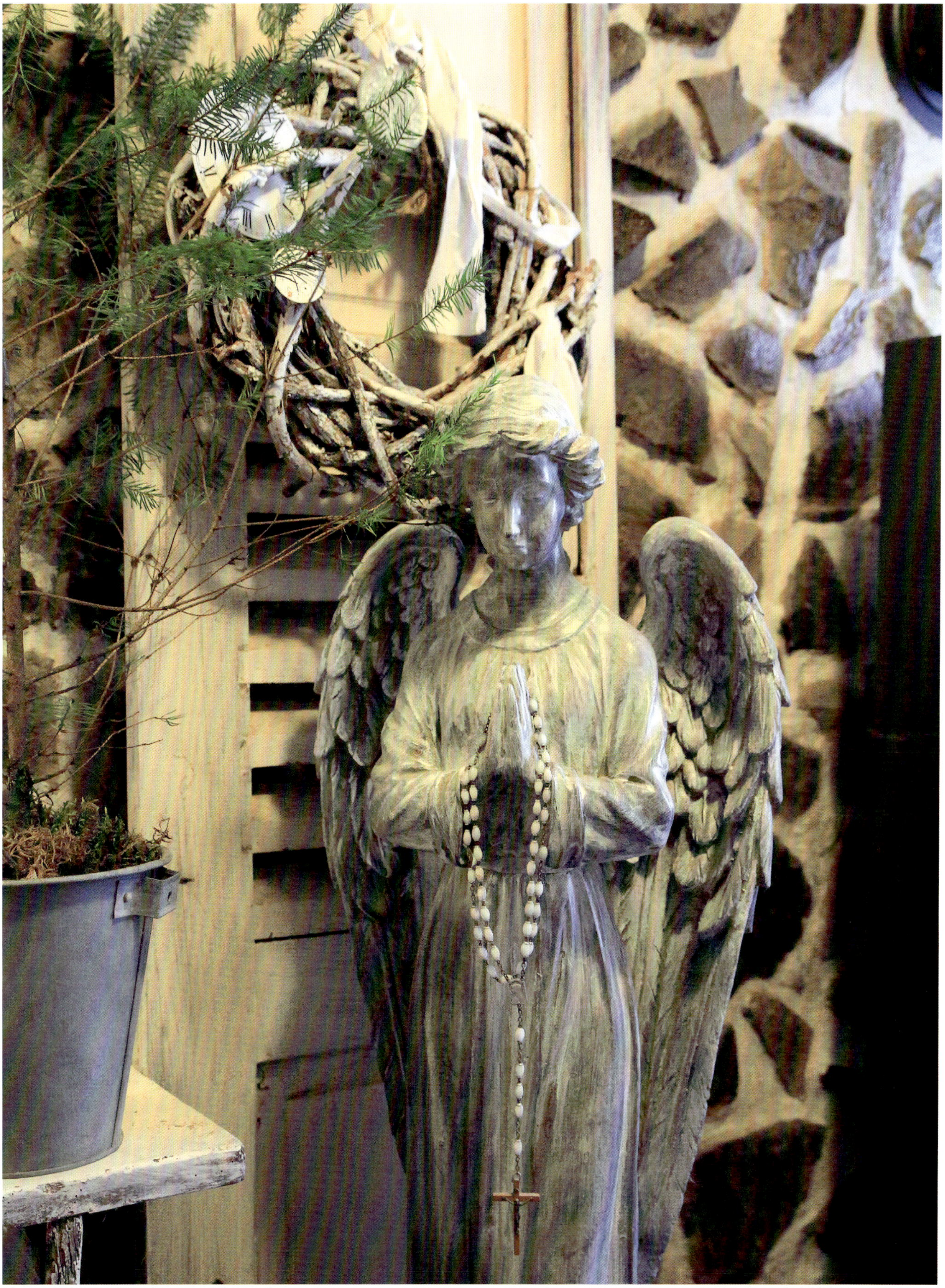

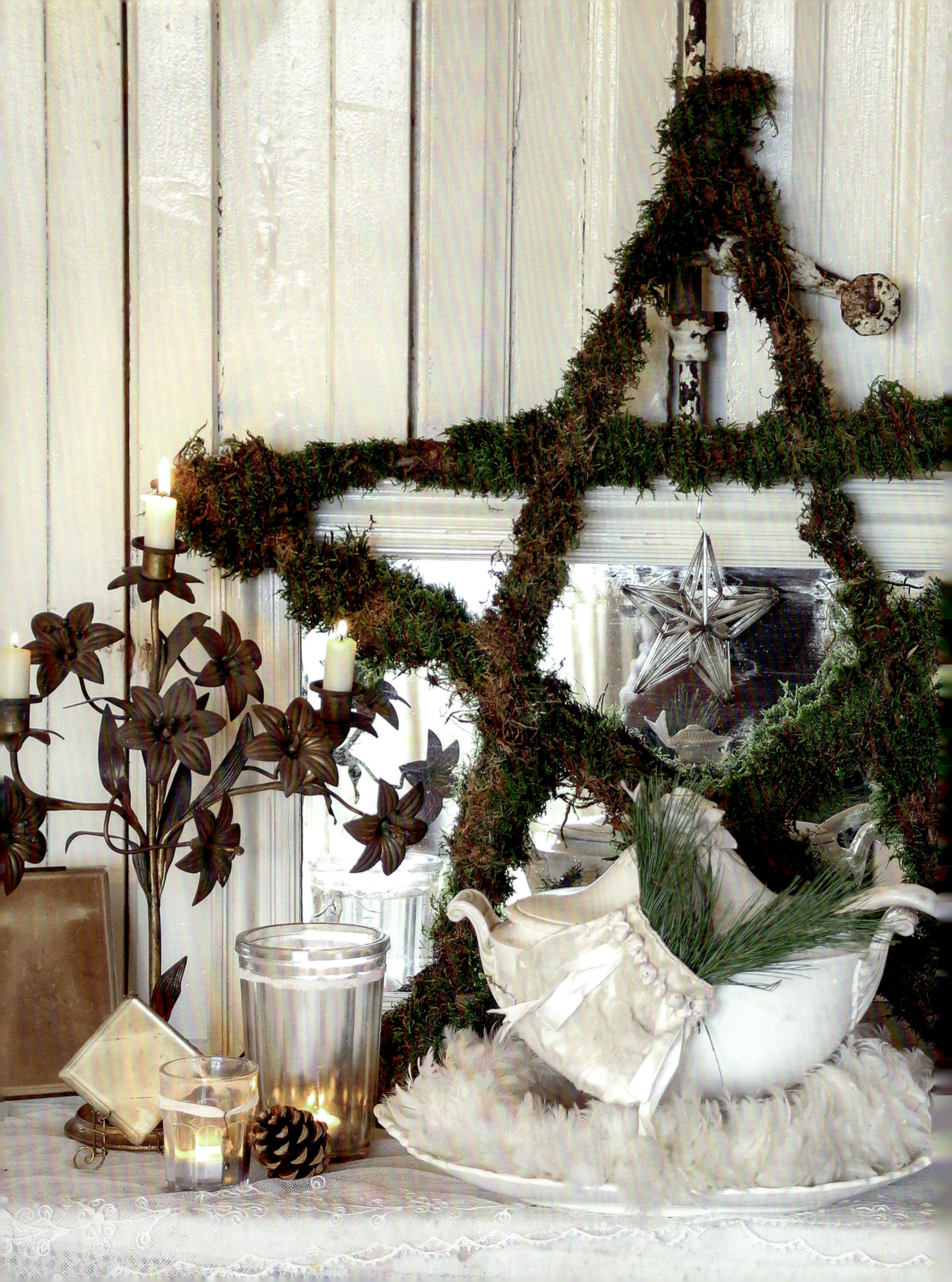

Von der Natur inspiriert

Das ganze Jahr über sammele ich Materialien in der Natur. Bei meinen Streifzügen mit den Hunden habe ich immer eine Tasche dabei, um dicke Zapfen, knorrige Äste und andere verwertbare Schätze aus dem Wald nach Hause zu transportieren. Die Materialien packe ich in Kartons, in denen sie bis Weihnachten auf ihren großen Einsatz warten. Die Natur ist der beste Lehrmeister und so kommen mir immer wieder neue Ideen.
Im Haus bevorzuge ich ruhige Farben und liebe den Kontrast von weißer Romantik und erdfarbenen, rustikalen Tannenzapfen. Hier harmonieren Grün, Weiß und verschiedene Brauntöne, die sich mit Bauernsilber kombinieren lassen. Meine Devise lautet: »Weniger ist mehr« – schließlich sollte das Haus nicht überladen wirken.
Draußen darf auch schon mal die Farbe Rot dominieren und in Form von Hagebutten und Äpfeln den Blick auf sich ziehen. Und so braucht es nicht viel, um Haus und Hof in mein Weihnachtsmärchen zu verwandeln.

Accessoires in gedeckten Farben versprühen hier ihren rustikalen Charme. Dazu lassen sich mit Lärchenzweigen, die mit kleinen Baumkerzen dekoriert oder zum Kranz gebunden sind, hübsche Blickfänge schaffen.
Der Holztragekorb wird zum Adventsgesteck umfunktioniert und mit Moos, Zapfen und Stumpenkerzen dekoriert. Hierfür eignet sich auch eine alte Schublade. Die Tarteplatte habe ich mit einer flachen Kuchenform bestückt, die ebenfalls als weihnachtliche Ablagefläche genutzt werden kann. Die Baumklammern für die Kerzen können wunderbar in Szene gesetzt werden. Mit einigen grünen Zweigen runde ich meine Dekoration ab. Wenn man eine Kommode oder einen Tisch mit Schubladen dekoriert, können auch die Schubfächer in die weihnachtliche Dekoration eingebunden werden. Die Innenfächer lassen sich ganz einfach mit schönen Accessoires und Zapfen schmücken.

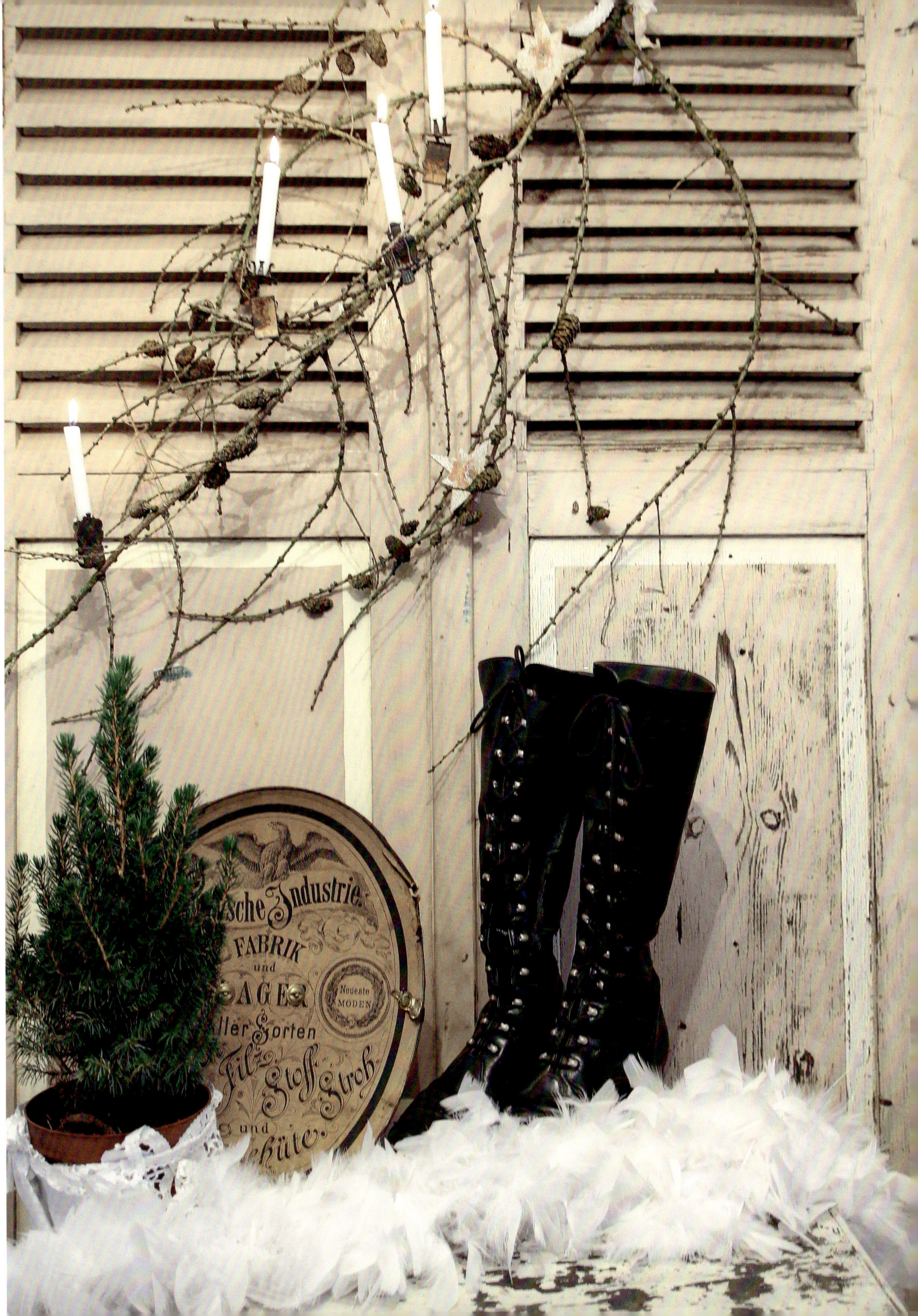
Industrie
FABRIK
und
Filz Stoff Stroh
und

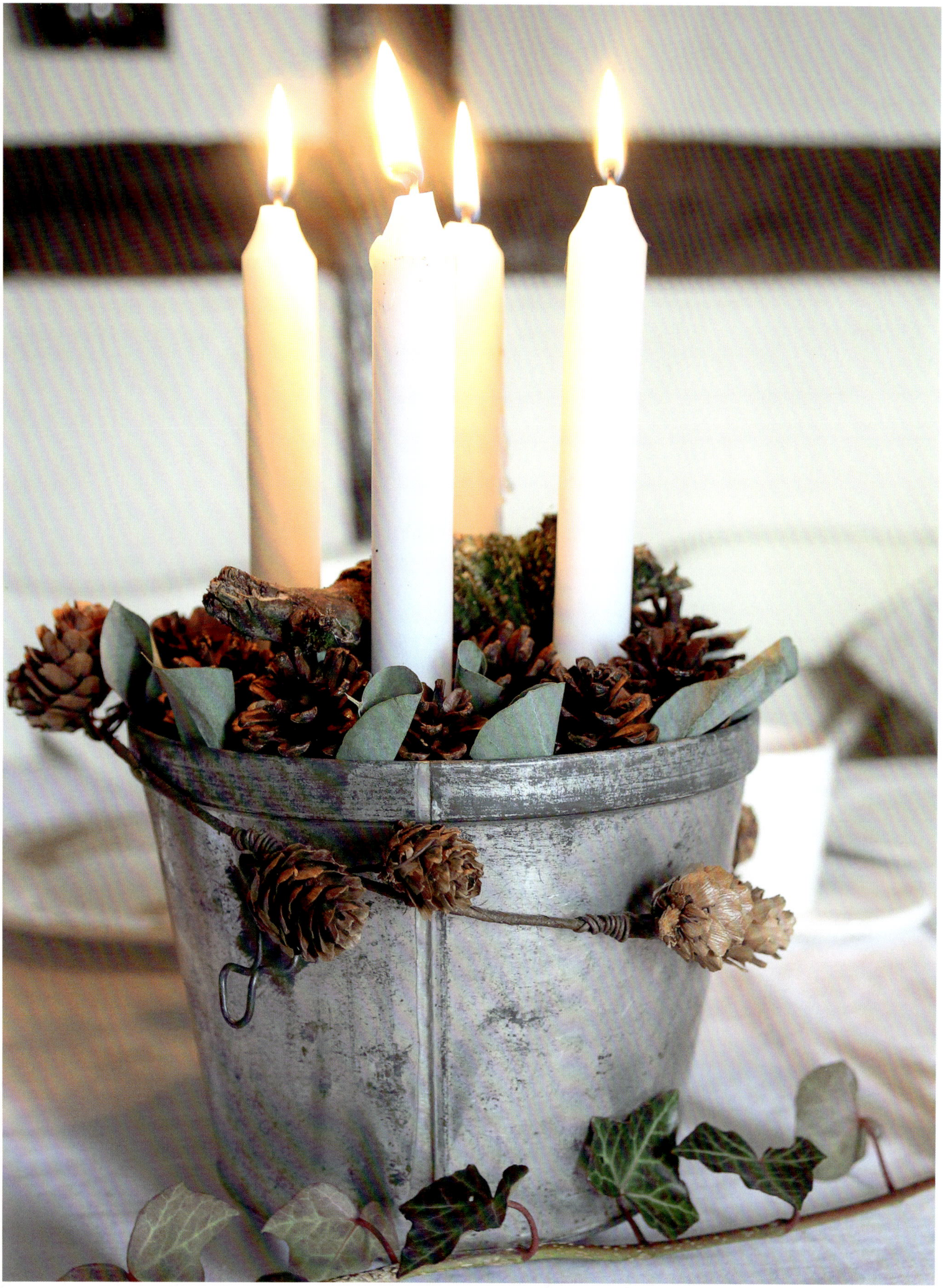

Ausgediente Kuchen- und Puddingformen verwandeln sich kurzerhand zum Adventsgesteck. Gerade auf kleinen Flächen kann man sie wirkungsvoll einsetzten. Für kleine Gefäße verwende ich Stabkerzen. Auch diese alte Kuchenform hat ein Mäntelchen aus Tannenzapfen bekommen. Mit der Heißklebepistole lassen sie sich gut anbringen und später sauber entfernen. Ein gewässerter Steckschaum dient als Untergrund. Moos, Kerzen, Zapfen, Eukalyptuskapseln wie auch Christrosen werden so zu einem festlichen Adventsgesteck vereint.

Dieses Tischensemble besteht aus alten Kinderskiern, die ich mit Kreidefarbe geweißt habe. Alle Teile wurden vorher abmontiert und nach dem Trocknen schließlich der gewässerte Steckschaum auf einem Teller platziert. Die Christrosen stammen aus meinem Garten und werden mit Zapfen, grünen Tannenzweigen, einigen zusammengerollten Notenblättern und Baumwolle kombiniert. Das Gesteck sollte nicht zu bunt werden. Der Kontrast von grünen Zweigen und Blüten zur weißen Baumwolle wirkt sehr natürlich und spiegelt die Weihnachtsfarben von Schnee und Tannengrün wider.

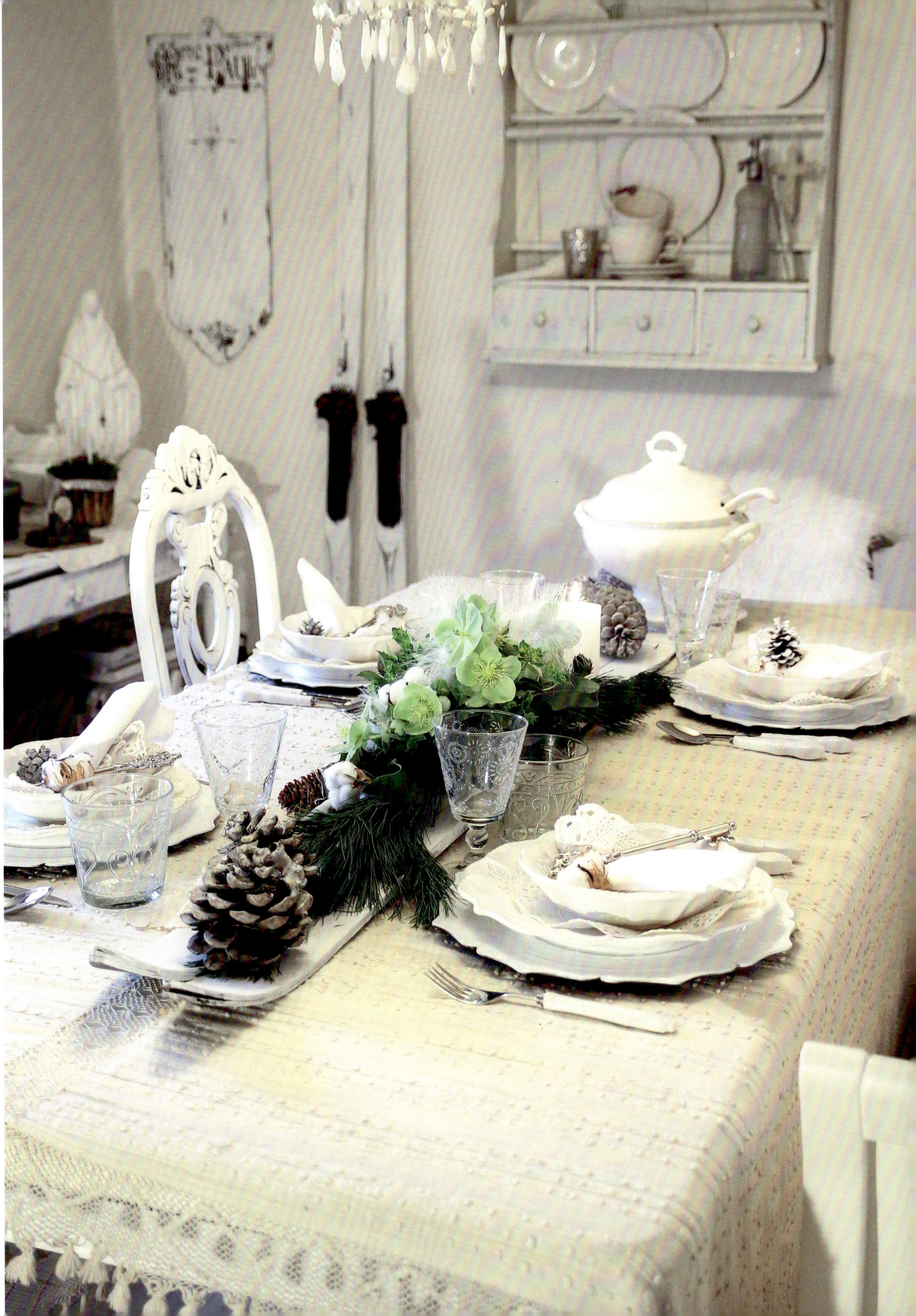

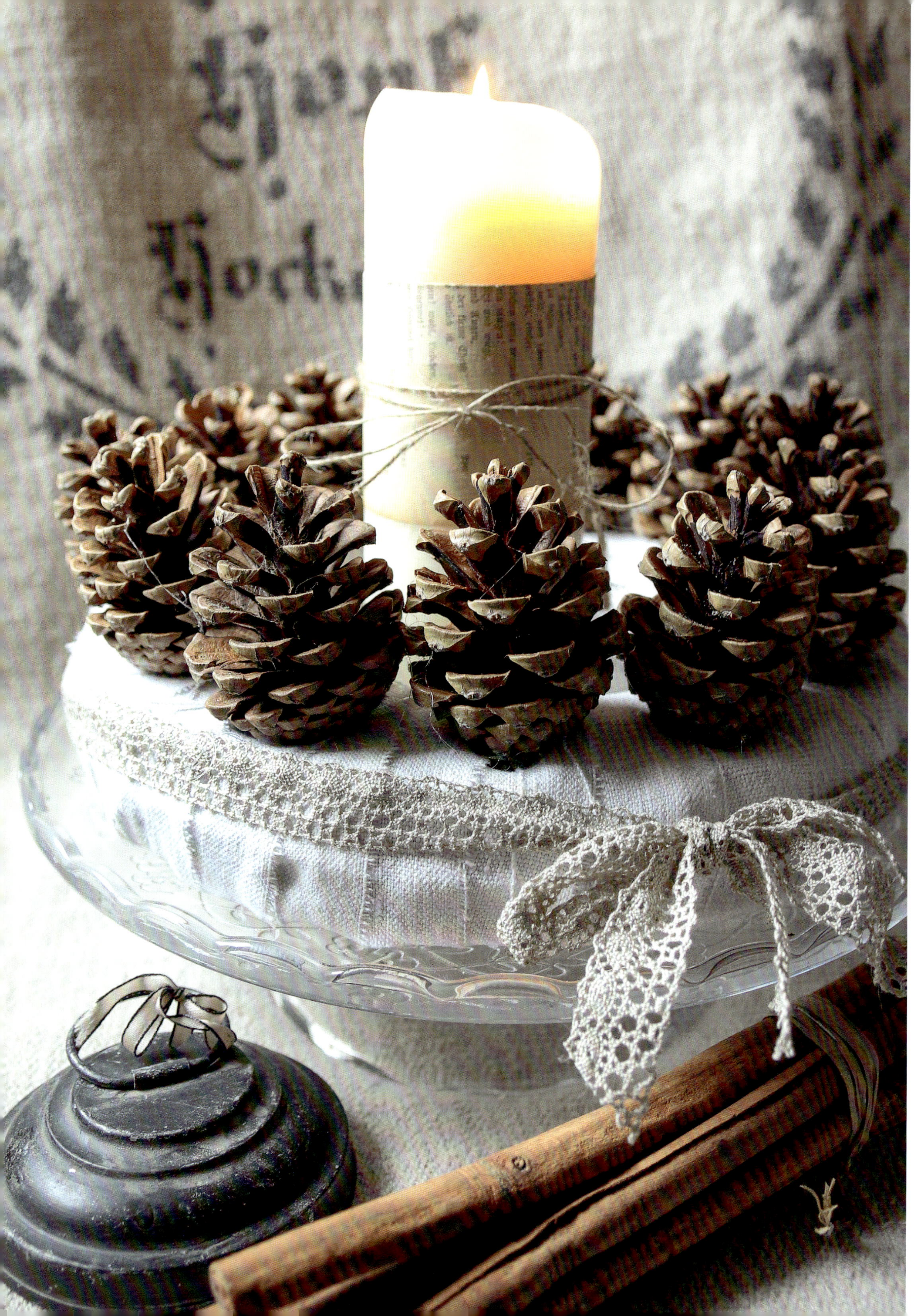

Kränze aus Stoff

Es müssen nicht immer Tannen sein. Diese Kränze aus Stoff verströmen einen Hauch von Nostalgie und sind leicht und schnell gefertigt. Der Untergrund besteht aus einem Strohkranz. Dafür habe ich aus einem alten Leinenhandtuch Streifen zugeschnitten und diese um den Rohling gewickelt. Die Enden werden mit Klemmen zusammengehalten. Dann werden noch vier Kerzenständer eingesteckt. Der Kranz kann nun nach Herzenswünschen dekoriert werden. Ob Notenblätter, Tannenzapfen oder kleine Engel – der Fantasie sind keine Grenzen gesetzt.
Den zweiten Kranz habe ich mit Moosflechten vom Floristen beklebt und eine Hälfte mit naturfarbenem Geschenkband umwickelt. Mit einem Lärchenzweig ist die Dekoration schnell fertig, denn ich mag es hier schlicht und puristisch.
Nach Weihnachten können die Materialien für den Frühling neu dekoriert werden.

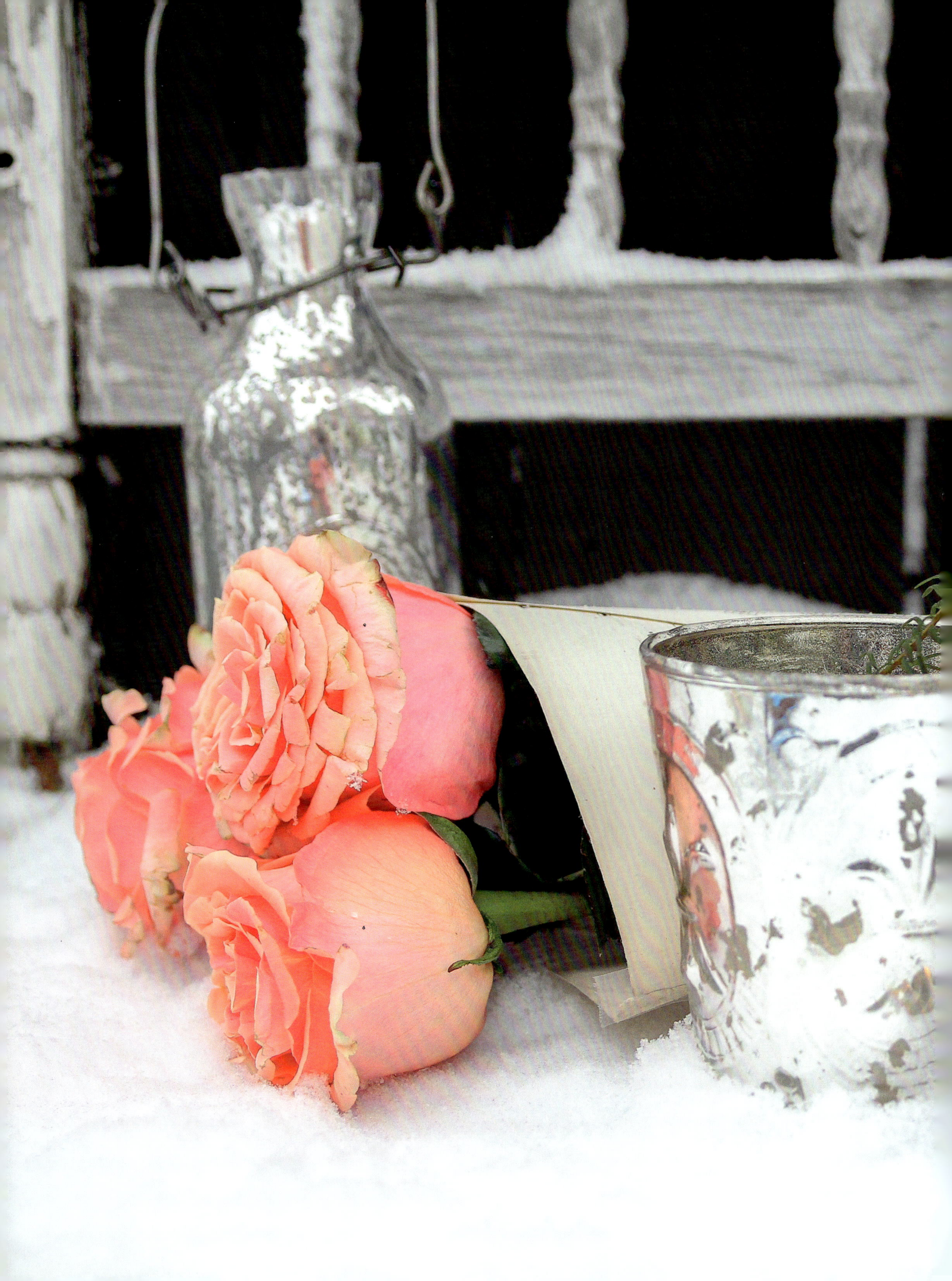

Vom Winter verzaubert

~~~~

Als hätte eine Eisfee ihren Zauberstab geschwungen,
so haben die ersten Schneeflocken den Garten in ein
Wintermärchen verwandelt. Die Bäume sind mit einer
dicken Puderzuckerdecke überzogen und auf den
Tischen glänzen weiße, glitzernde Sahnehäubchen.
Mit Stiefeln, Mütze und Handschuhen verlasse ich
das Haus und erfreue mich an diesem Schauspiel.
Der Schnee verleiht dem Garten einen völlig anderen
Charakter und die Natur ist der beste Dekorateur.
Plötzlich liegt ein unbekannter geheimer Garten vor
mir, der viel Neues zeigt. Ich genieße die überzuckerte
weiße Fläche und fühle mich wie im Abenteuerland.
Auch meine Hunde scheinen sich in der winterlichen
Natur wohlzufühlen und toben wild um die Wette.
Wo im Sommer noch rosa- und blaublühende Stauden
um die Gunst des Betrachters buhlten, bestimmen
nun schneebedeckte, filigrane Gehölze und mit einem
weißen Mantel überzogene Skulpturen das Bild.
Für mich gleicht der Garten einer winterlichen Poesie
mit einer abwechslungsreichen Besetzung.

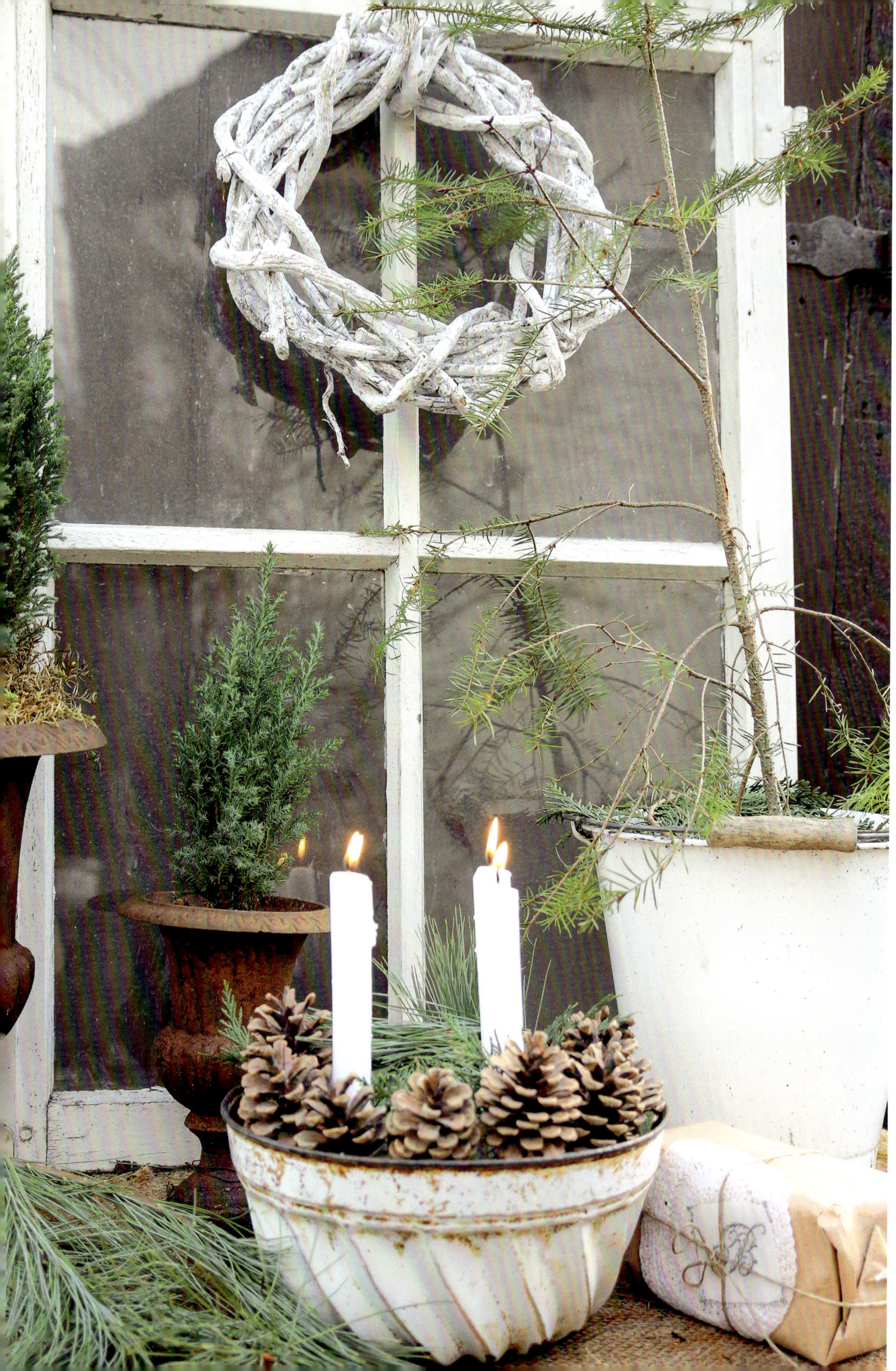

Das alte Fenster hat einen neuen Platz im Garten gefunden und wird im Winter zur tollen Dekoration. Auf die Glasscheiben kann man Weihnachtsgrüße schreiben. Die Backform dient als Adventskranz und bekommt durch Tannenzapfen und Wintergrün einen natürlichen Charakter. Meine Madonna ist aus Beton gegossen und kann auch im Winter im Freien bleiben. Der Rebenkranz wurde mit Acrylfarbe lasiert.

Kleine Wintermädchen

~~~~

Tagelang hat es dicke Flocken geschneit und die Eisfee hat
endlich eine Eisschicht auf das kleine Bächlein gezaubert. Es ist
frostig geworden und die Eisschicht ist inzwischen dick genug,
um sich mit Schlittschuhen darauf zu wagen.
Warm eingepackt mit Mütze und Handschuhen, kann uns die
Kälte nichts anhaben. Mit roten Wangen ziehen die Kinder ihre
Kreise auf dem glänzenden Eis und wärmen sich anschließend
mit einer Tasse heißer Schokolade die Finger. So fliegen die
Stunden im kühlen Schneeparadies dahin und abends sitzen wir
am Kaminfeuer und genießen den perfekten Wintertag.

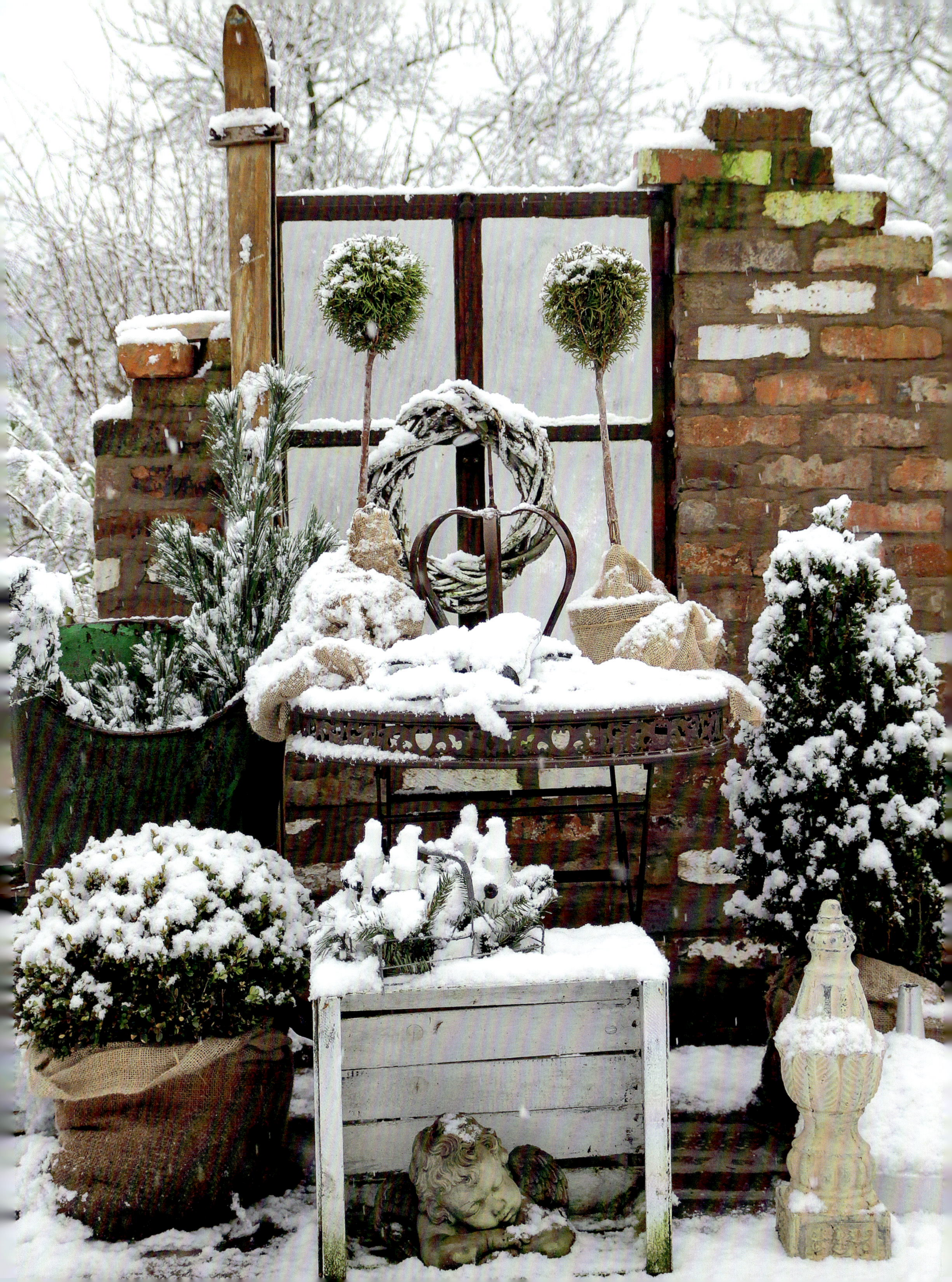

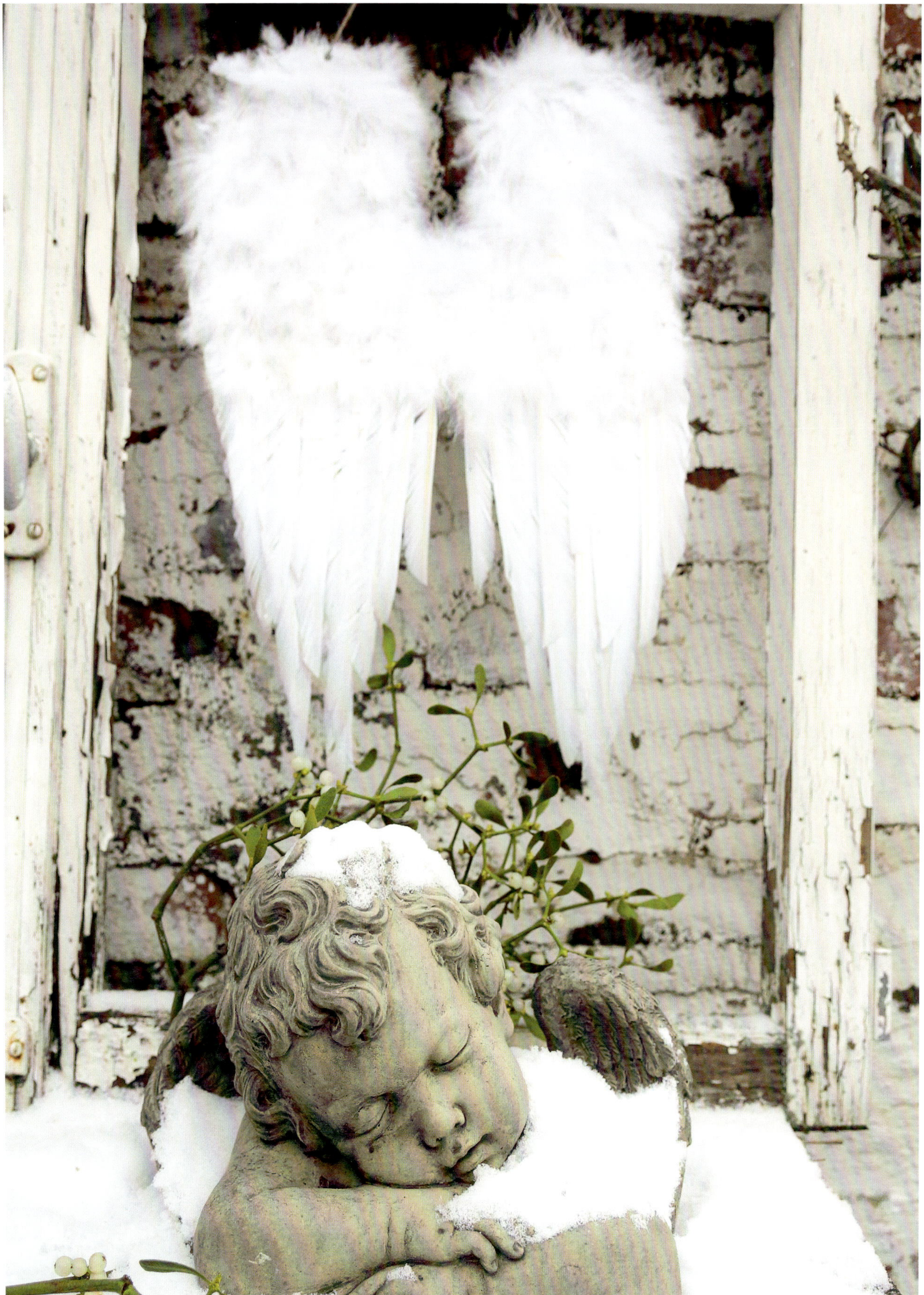

Rosen im Schnee

~~~~~~~

Ein Hauch Romantik versprühen diese nostalgisch anmutenden Rosen im Schnee. Blühende Schönheiten in einem zarten Pastell kombiniert mit dem kühlen Weiß der Schneekristalle.
Auch im Winter treffe ich mich gerne mit Freunden zum Gartenspaziergang. Vorbei an blühenden Christrosen und verschneiten Engelsköpfen huscht immer ein Lächeln über das Gesicht der Besucher, wenn sie an meinen dekorierten Rosen entlangwandern. Dann kommt meist die Frage: »Sind die auch aus dem Garten?« Und so gibt es beim Weitergehen viele schmunzelnde Gesichter.

Es sind nicht immer die großen
Inszenierungen, die das Herz erwärmen.
Manchmal reichen schon ein wenig Schnee und
ein heißes Getränk mit einer süßen Leckerei.
Und so genießen wir den Nachmittag in
unserem Lille Hus. Unter uns liegt der Garten,
eingekuschelt in sein weißes Mäntelchen.
Emsig fliegen die Vögel zu den Futterstellen.
Es ist eine wahre Freude, ihnen zuzuschauen.
Wir wärmen uns die Hände an unseren warmen
Bechern mit leckerem Punsch und sind
verzaubert von dieser märchenhaften Kulisse.

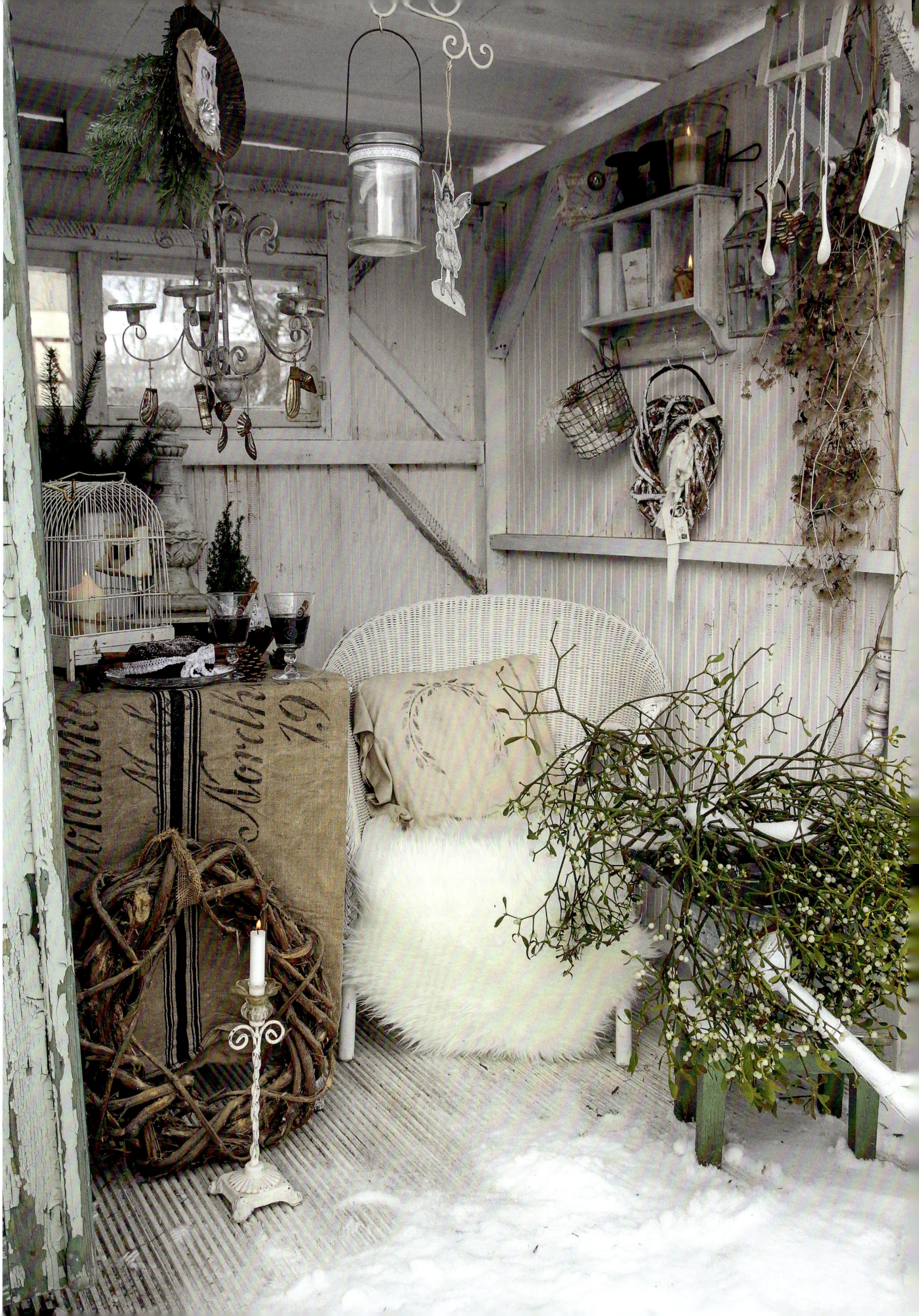

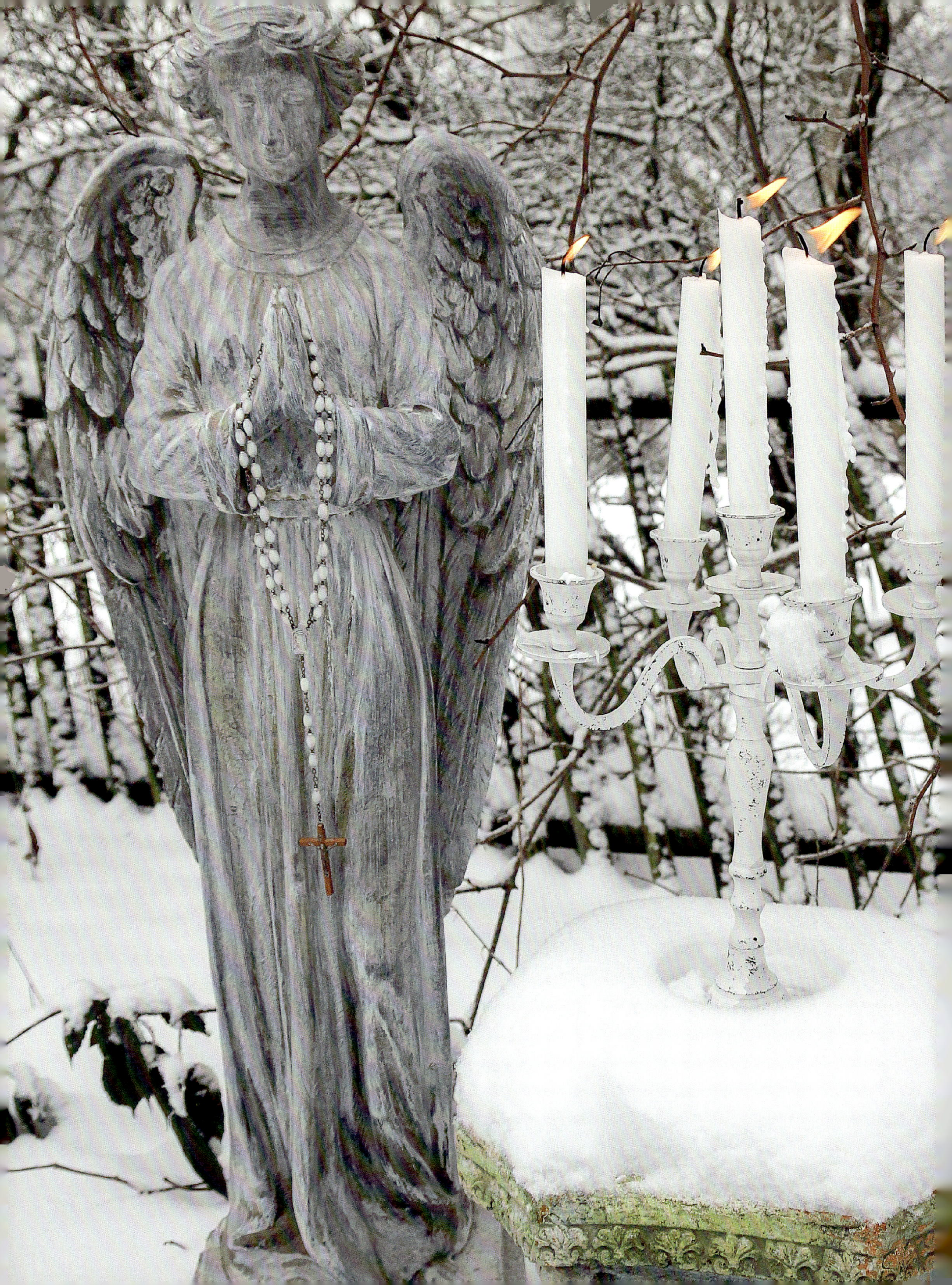

Zu Gast bei der Schneekönigin

Verwunschen liegt der Garten unter einer dicken Schneeschicht und seltsame Formen und Gebilde erwachen aus einer Fantasiewelt. Der winterliche Garten bietet ein hinreißendes Ambiente für eine Einladung ins Schneeparadies. Da ist es doch viel zu schade, den Tag im Haus zu verbringen.

Meine lieben Gartengäste haben die Einladung gerne angenommen und so genießen wir die schneebedeckte Fläche, die schnell wieder verschwunden sein kann. Der selbst gemachte Eierlikör wird mit Zimt zum köstlichen Heißgetränk und auf dem Teller locken kleine Pasteten mit Kräuterquark. Für Naschkatzen ist ebenfalls vorgesorgt, denn unter einer Porzellanhaube verstecken sich leckere Schokoladenkekse. Warm eingepackt, gibt es kaum etwas Reizvolleres, als einen heißen Winterpunsch im romantischen Garten. Und so verfliegt die Zeit im Nu, und wir erfreuen uns am glitzernden Schnee, bevor bald das Tauwetter einsetzt.

Das kleine Glück

～∞∞∞～

Es ist einfach wundervoll, sich im Winter im Garten aufzuhalten. Gemeinsam mit Gästen genießen wir die Zeit zwischen Tannenduft, Kerzenschein und kleinen Leckereien.
In der wildromantischen Gartenkulisse verwandelt sich ein solcher Wintertag in ein sinnliches Vergnügen. Kleine Engel begrüßen die Gäste und warten geduldig auf den Tellern.

*Die größten Wunder
gehen in der größten Stille vor sich.*

Jakob Corvinius alias Wilhelm Raabe

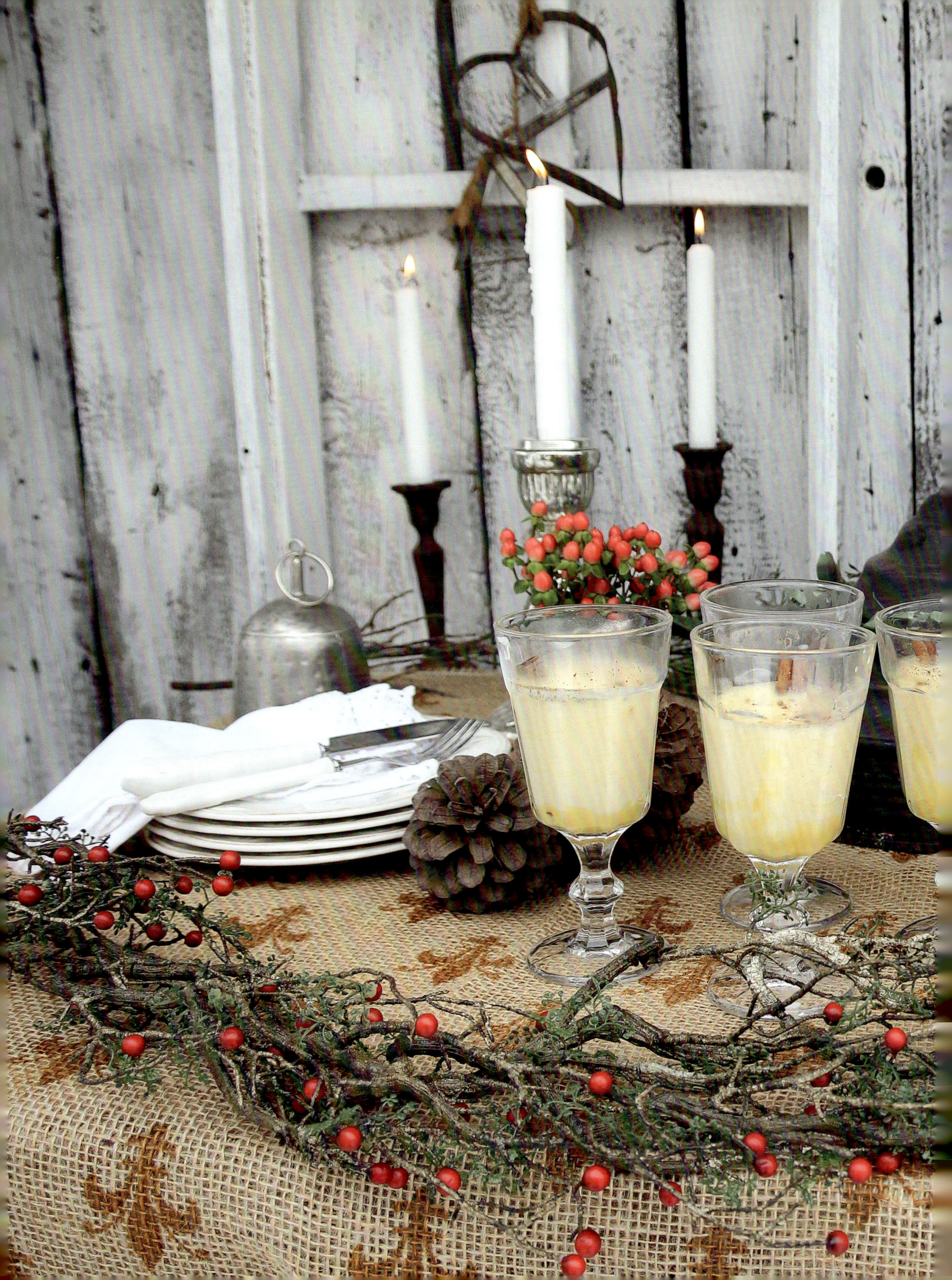

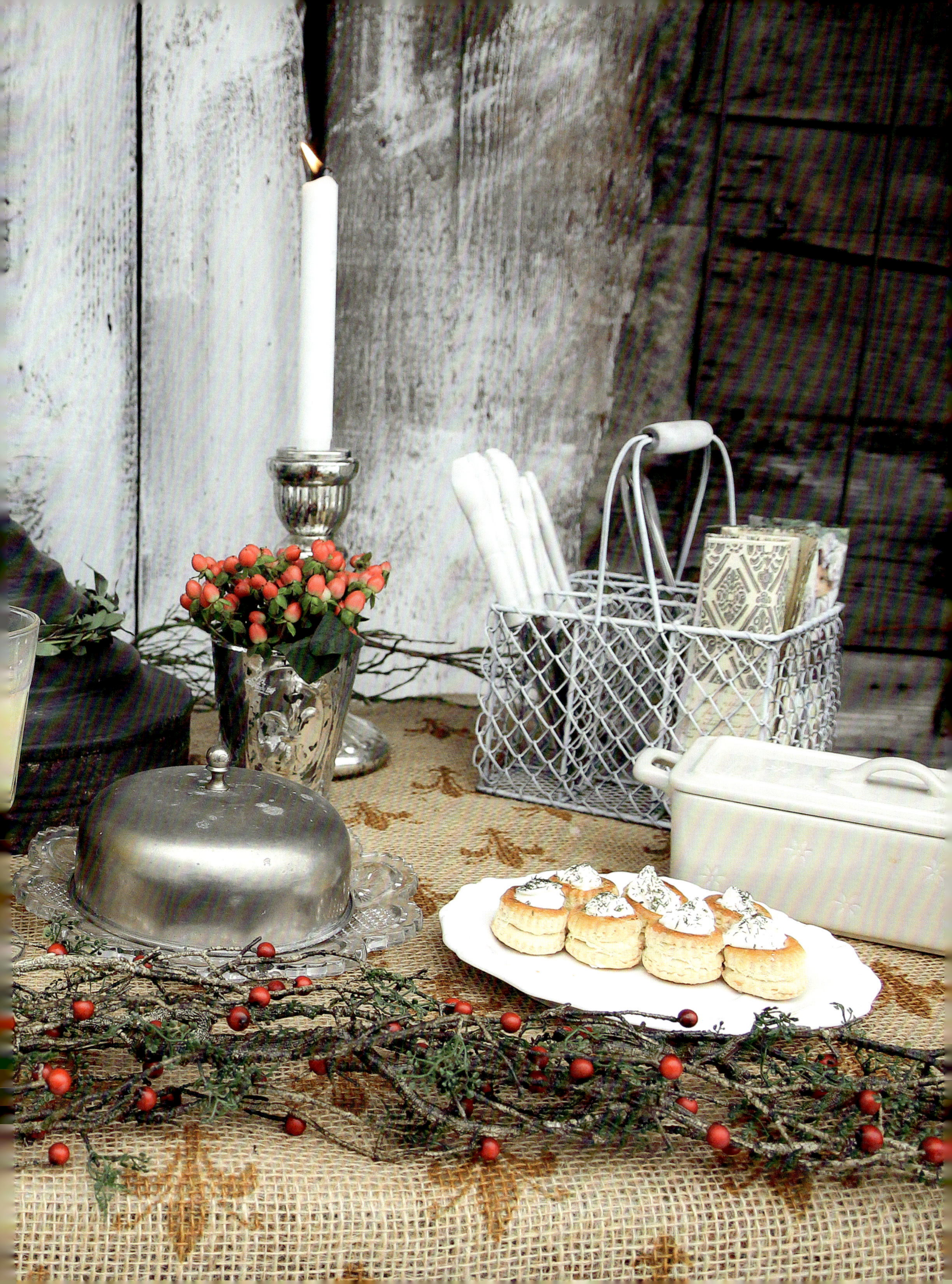

Kleine Köstlichkeiten stehen bereit, die auch mit behandschuhten Händen einfach zu greifen sind. Kleine Pasteten passen wunderbar in die Hand, genau wie warme Tassen mit Wildschweinhack und Pilzen. Unter dem Blätterteighäubchen bleiben sie lange warm. Heißer Eggnog zählt an kalten Tagen zu meinen Lieblingsgetränken. Die Kinder genießen warme Milch, die ich mit Honig, Vanille und weihnachtlichen Gewürzen aufgekocht habe. Auch Mops Nelson fühlt sich im Schneeparadies wohl.
In kleinen Saucieren und Vasen dekoriere ich rotes und cremefarbenes Hypericum. Die kalten Temperaturen können den Beeren nichts anhaben und sie behalten auch nach mehreren Frosttagen ihre Farbe und Form.

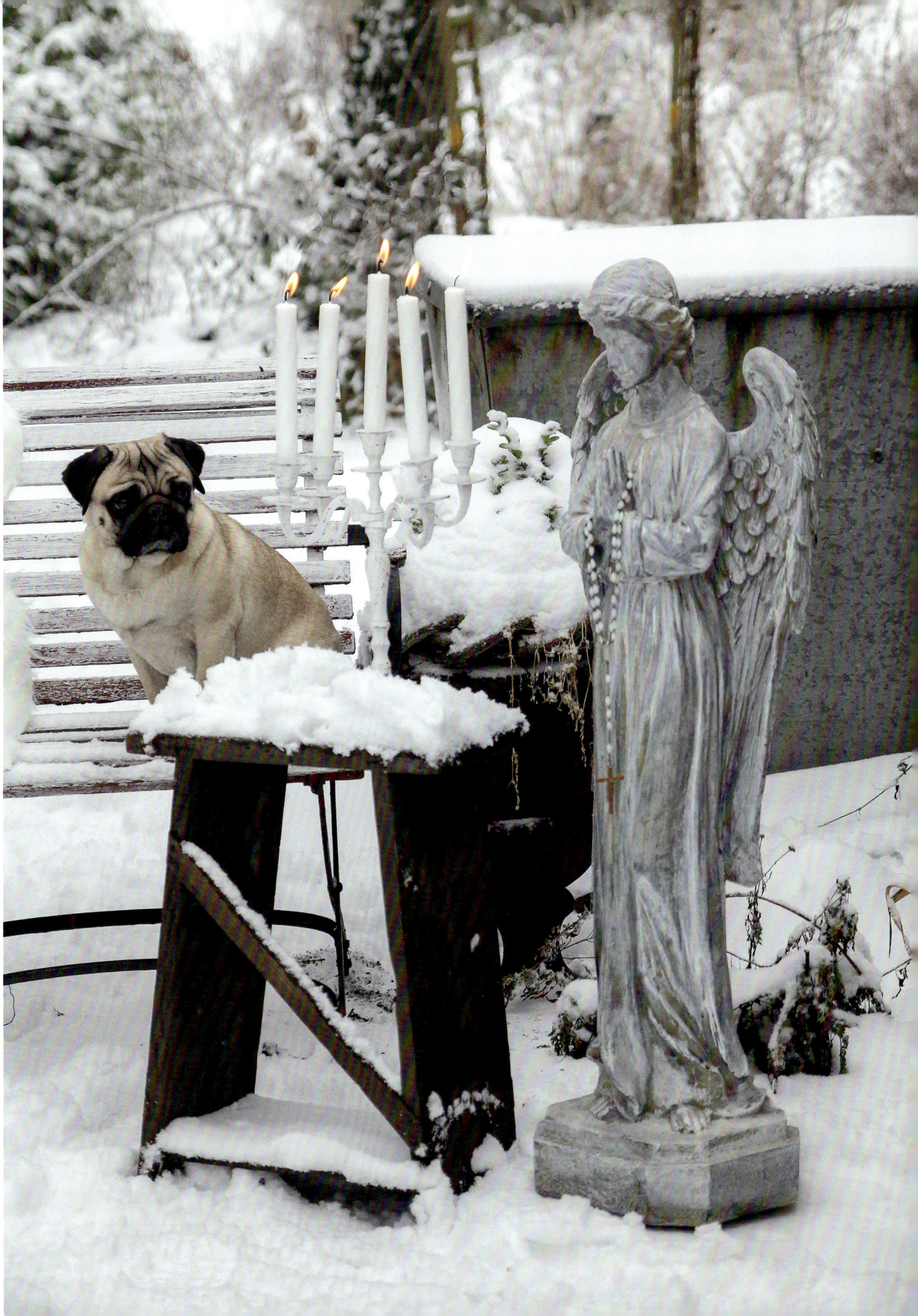

Eierlikör

2 Vanilleschoten
270 g Zucker
10 Eigelb
2 Eier
600 ml Sahne
¼ l hochprozentiger Alkohol (aus der Apotheke)

REZEPT FÜR 1½ LITER

Die Vanilleschoten längs aufschneiden und das Mark
herauskratzen. Das Mark mit dem Zucker mischen.
Eigelbe, Eier und Zucker-Mischung mit dem
Handrührgerät zu einer hellen, cremigen Masse
schlagen, bis sich der Zucker aufgelöst hat. Die Sahne
unter ständigem Rühren nach und nach zugießen.
Zum Schluss den Alkohol untermischen.
Den Eierlikör in heiß ausgespülte Flaschen füllen
und im Kühlschrank kurze Zeit ruhen lassen.
Den Likör vor dem Servieren gut schütteln.
Kühl aufbewahrt, hält er sich mehrere Wochen.

Eggnog

½ l Milch
150 ml Sahne
1 TL abgeriebene Zitronenschale
2 EL Zitronensaft
150 ml Eierlikör
Zimt

REZEPT FÜR 4 PERSONEN

Milch, Sahne, Zitronenschale und -saft erhitzen.
Vom Herd nehmen und den Eierlikör unterrühren.
In Gläser füllen und mit Zimt bestäuben.

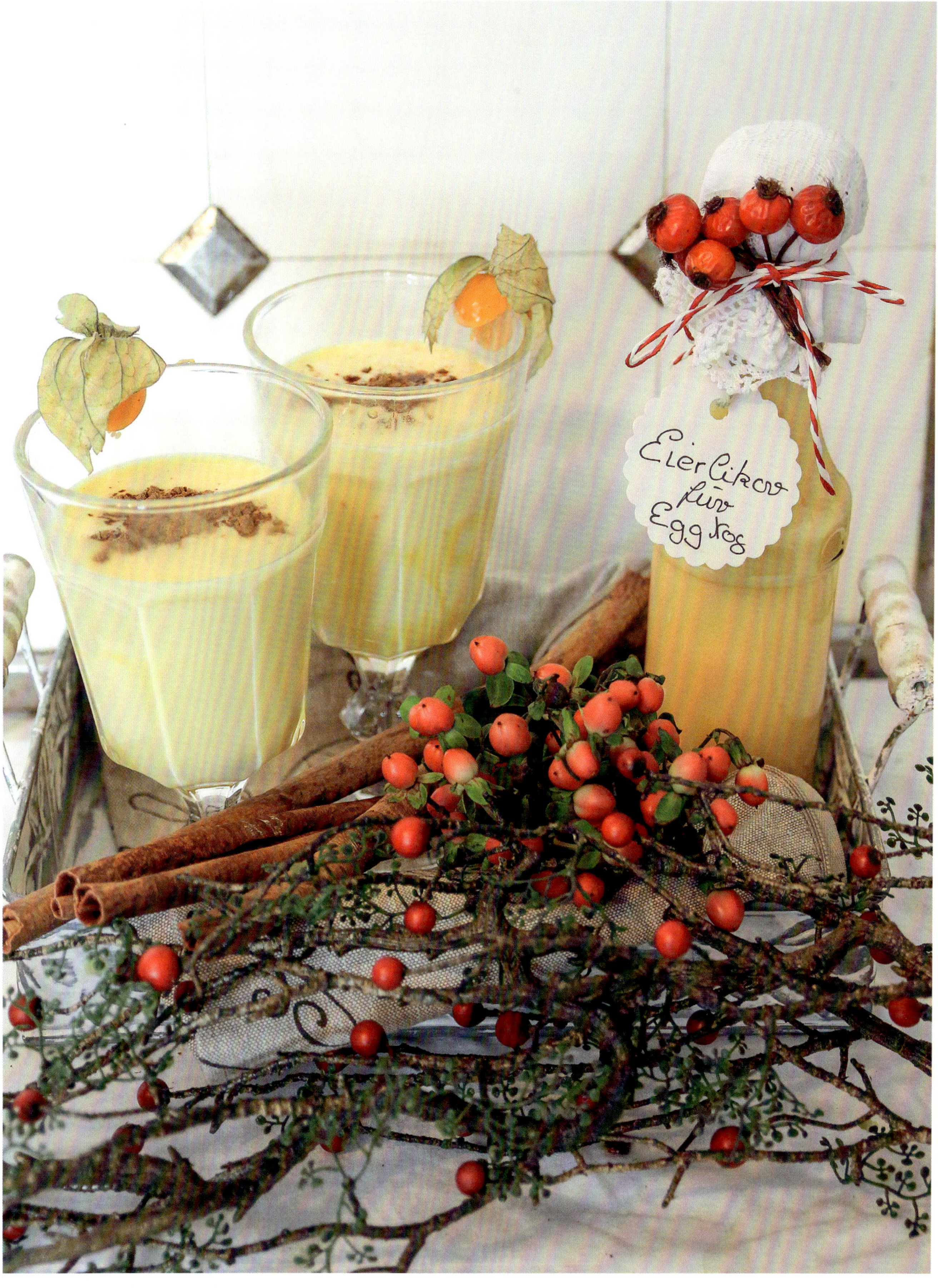
Eierlikör für Egg nog

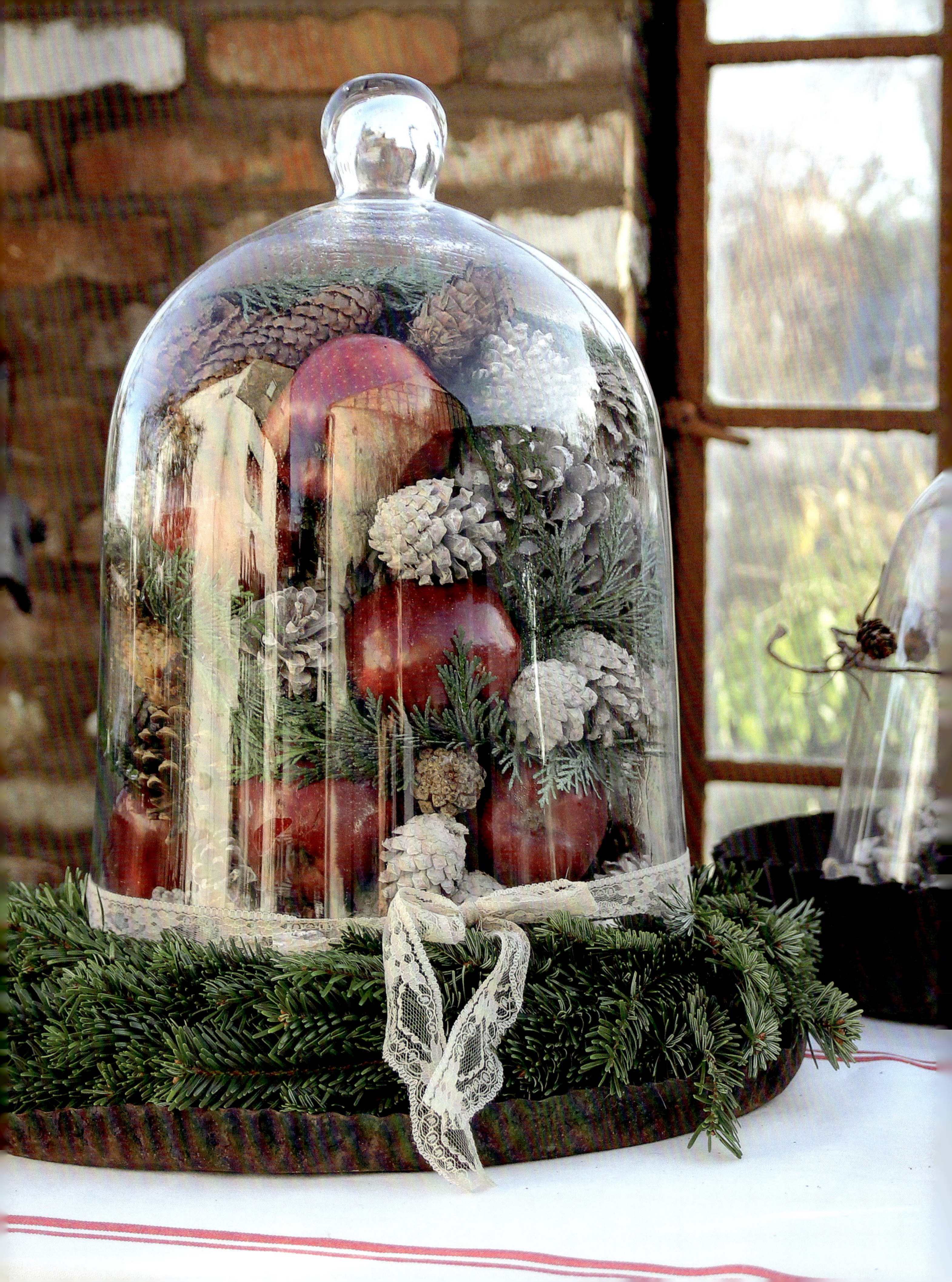

Schneeweißchen und Rosenrot

Der Farbrausch des Herbstes verblasst und nur die dekorierten Tische und Körbe mit leuchtend roten Äpfeln erinnern noch an die Opulenz der Erntezeit. Jetzt kommen die Adventstage mit ihrem ganz eigenen Zauber.
Es wird gebastelt und dekoriert und Haus und Hof erstrahlen im Festgewand. Das Material für schöne Kränze oder Stillleben ist schnell zur Hand und bei jedem Streifzug bietet der Garten neue Dekorationsmöglichkeiten. Schneebeeren und Mistel sorgen für eine kühle Noblesse, während Hagebutten, Äpfel und Cranberrys den warmen Landhauscharme versprühen.
Kleine Tische und Stühle verändern durch feine Details immer wieder ihren Charakter. Mal schlicht und rustikal, mal fein und filigran. Neues und sehr Altes finden nebeneinander Platz und Naturmaterialien, mit Hagebutten und tiefroten Äpfeln kombiniert, leuchten um die Wette. An meinen Kränzen erfreuen sich die Vögel und ernten die schmackhaften Beeren.

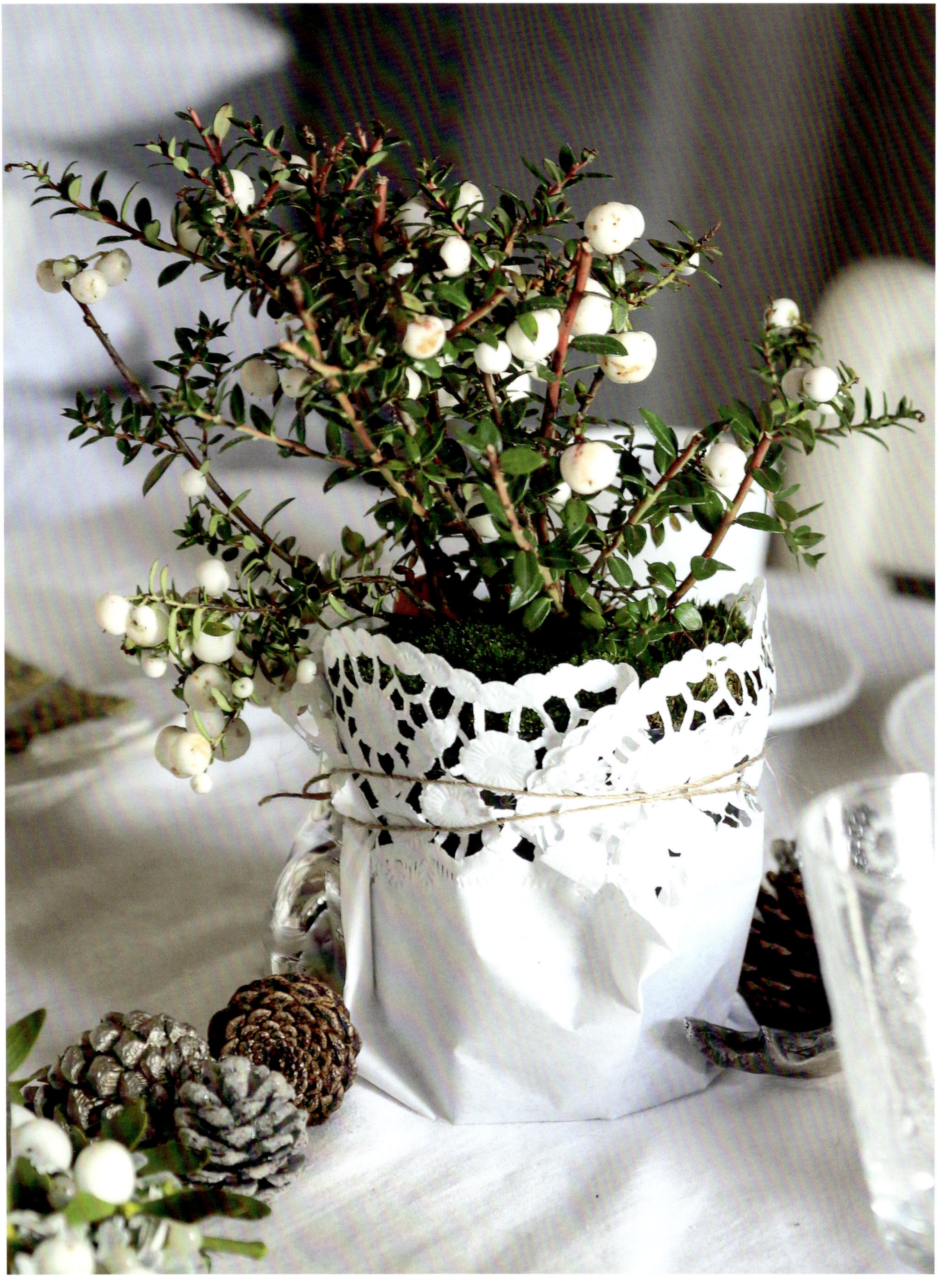

Perlen-Poesie

~~~~~~~

Die weißen Beeren lassen sich vielseitig dekorieren – als Tischschmuck, in Kränzen, eingebunden in Gestecke oder einfach pur in einem Einmachglas. Eine Kerze dazu und im Nu wird daraus eine zauberhafte Lichtquelle.

Wie kleine Schneebälle wirken die flauschigen
Baumwollkapseln mit den weißen Fasern –
die perfekte Dekoration für Weihnachten.
Die Kapseln lassen sich vielseitig verwenden.
In Kränzen verarbeitet, versprühen sie ihren
Charme. Auch einzelne Zweige lassen sich in
Vasen oder mit anderen Elementen dekoriert
in Szene setzen. Ich habe meine alte Backform
damit verschönert. Eine Kerze, Tannenzapfen
und etwas weißes Schleierkraut zaubern
so eine wunderschöne Tischdekoration.
Das Innere der Form habe ich mit Steckmasse
gefüllt. Die Baumwolle muss nicht gewässert
werden und ist somit sehr lange haltbar.
Sie kann das ganze Jahr über für Dekorationen
verwendet werden.

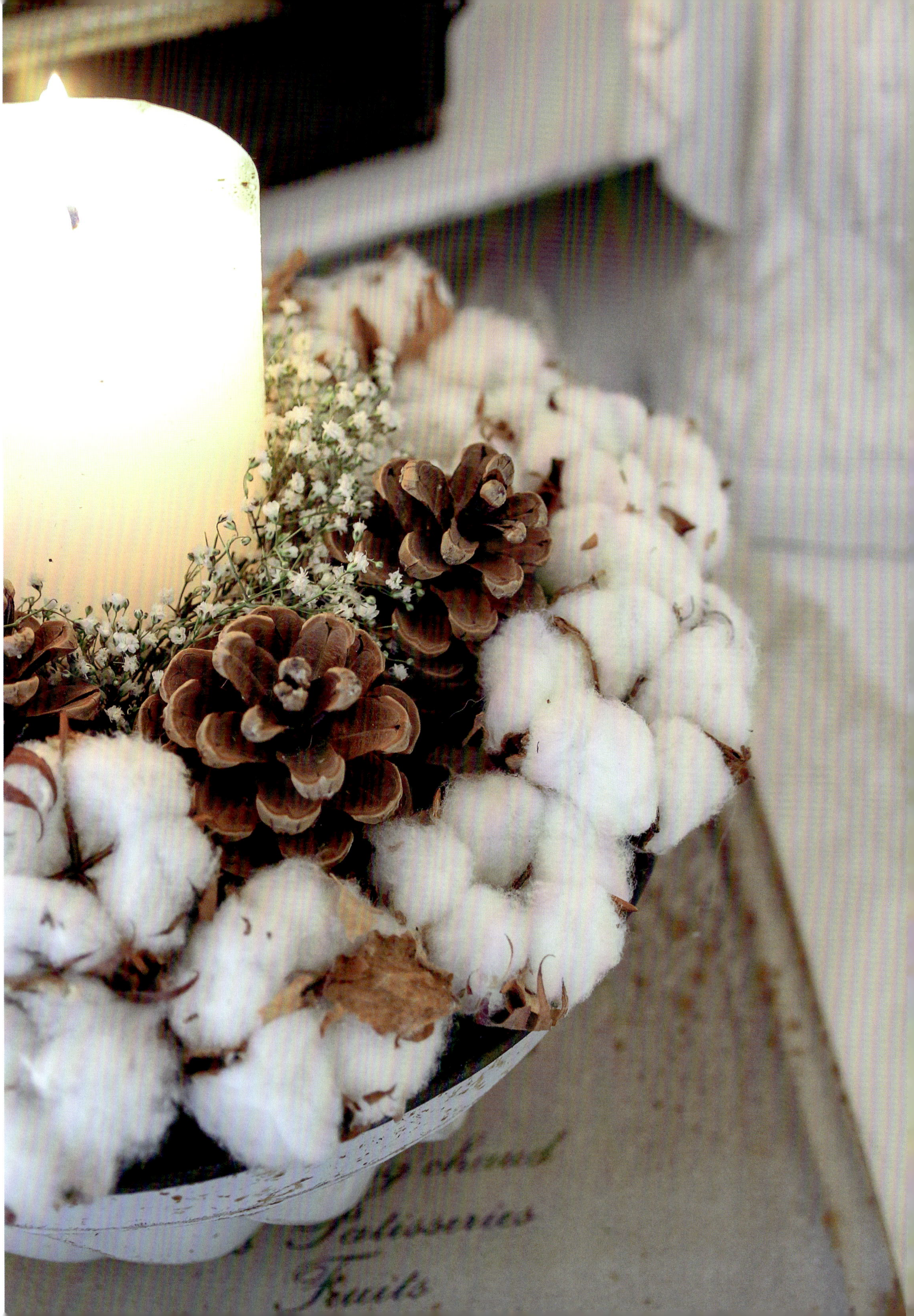

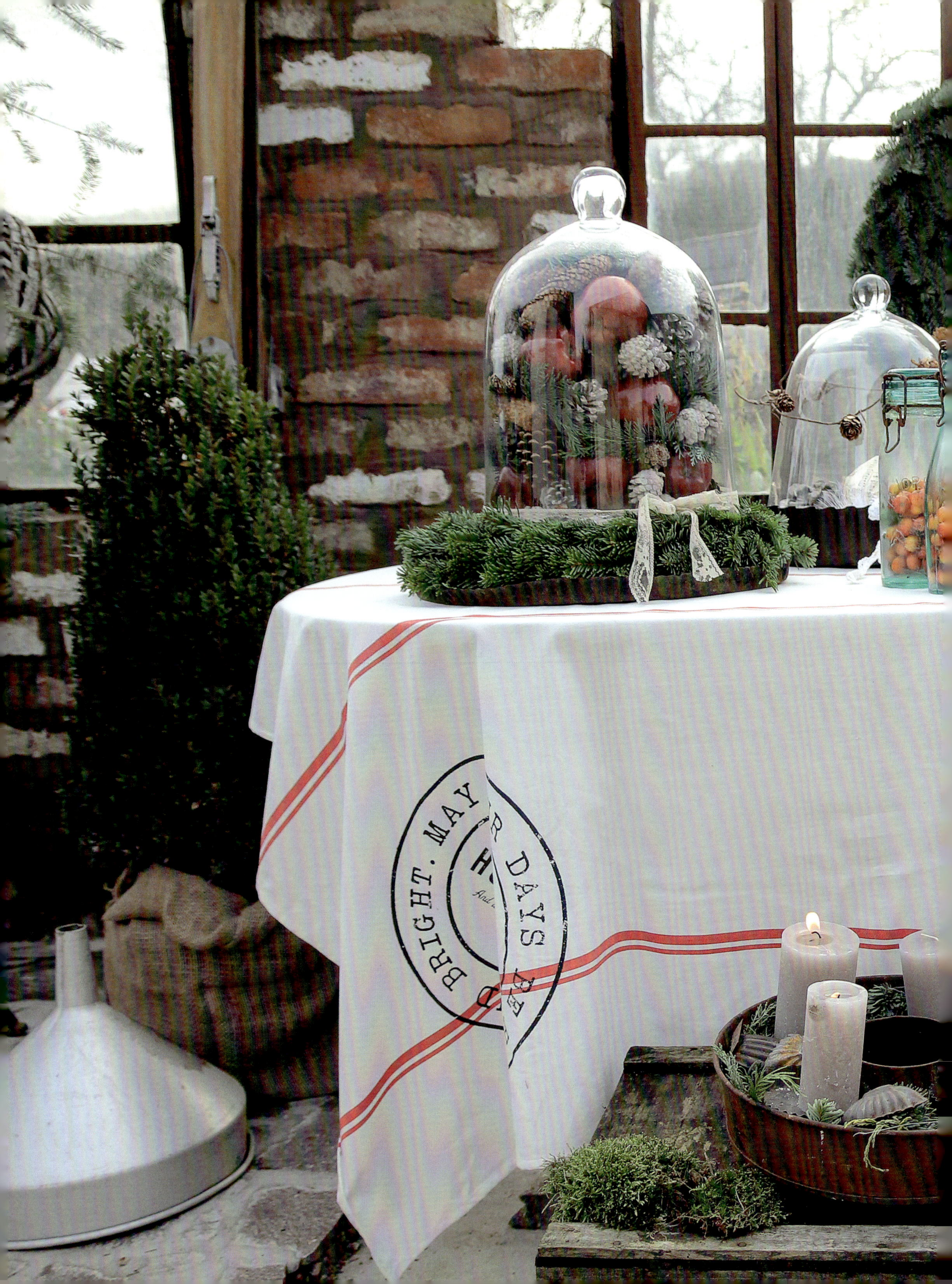
BRIGHT. MAY
DAYS

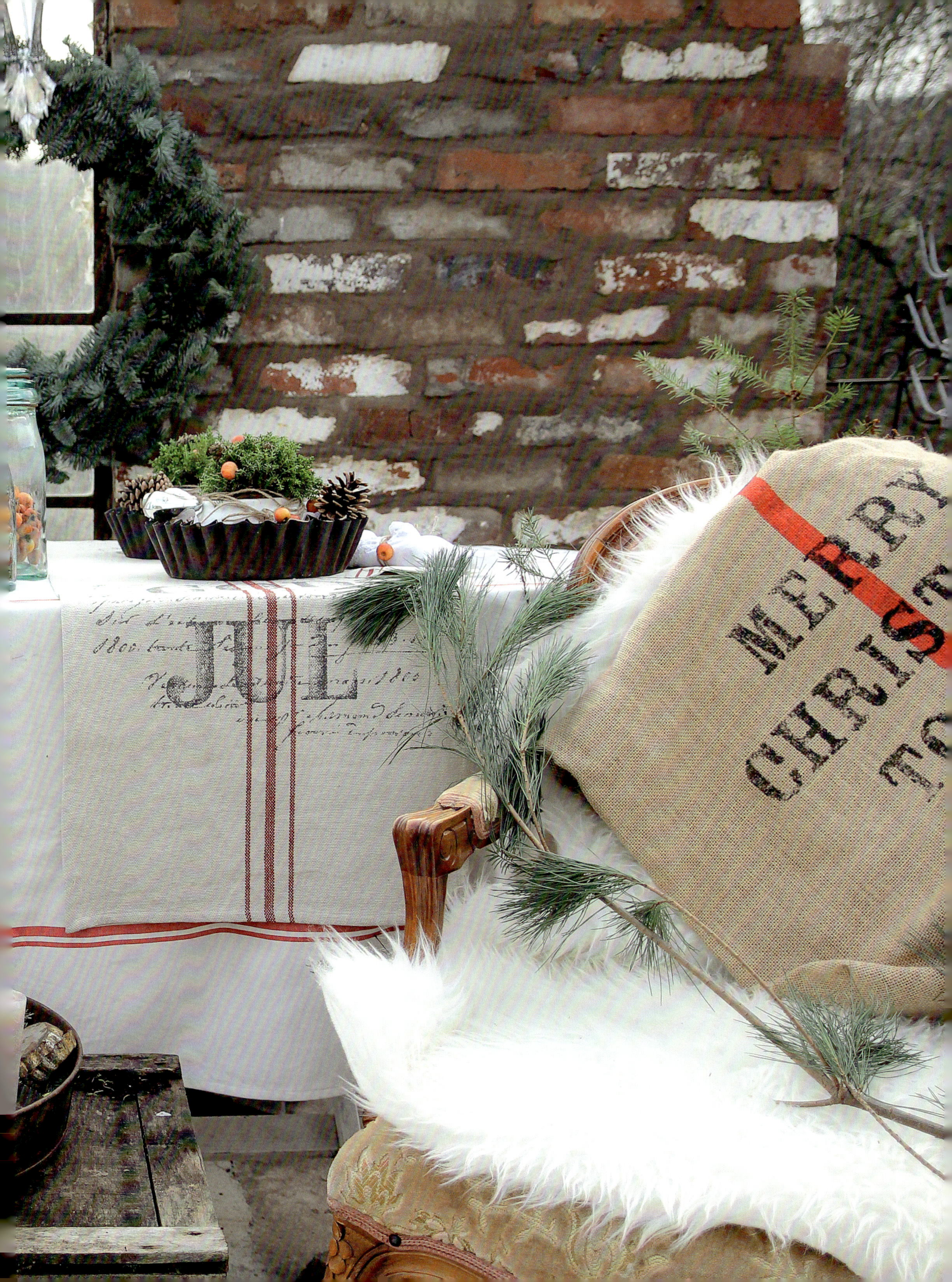
JUL
MERRY
CHRIST
TO

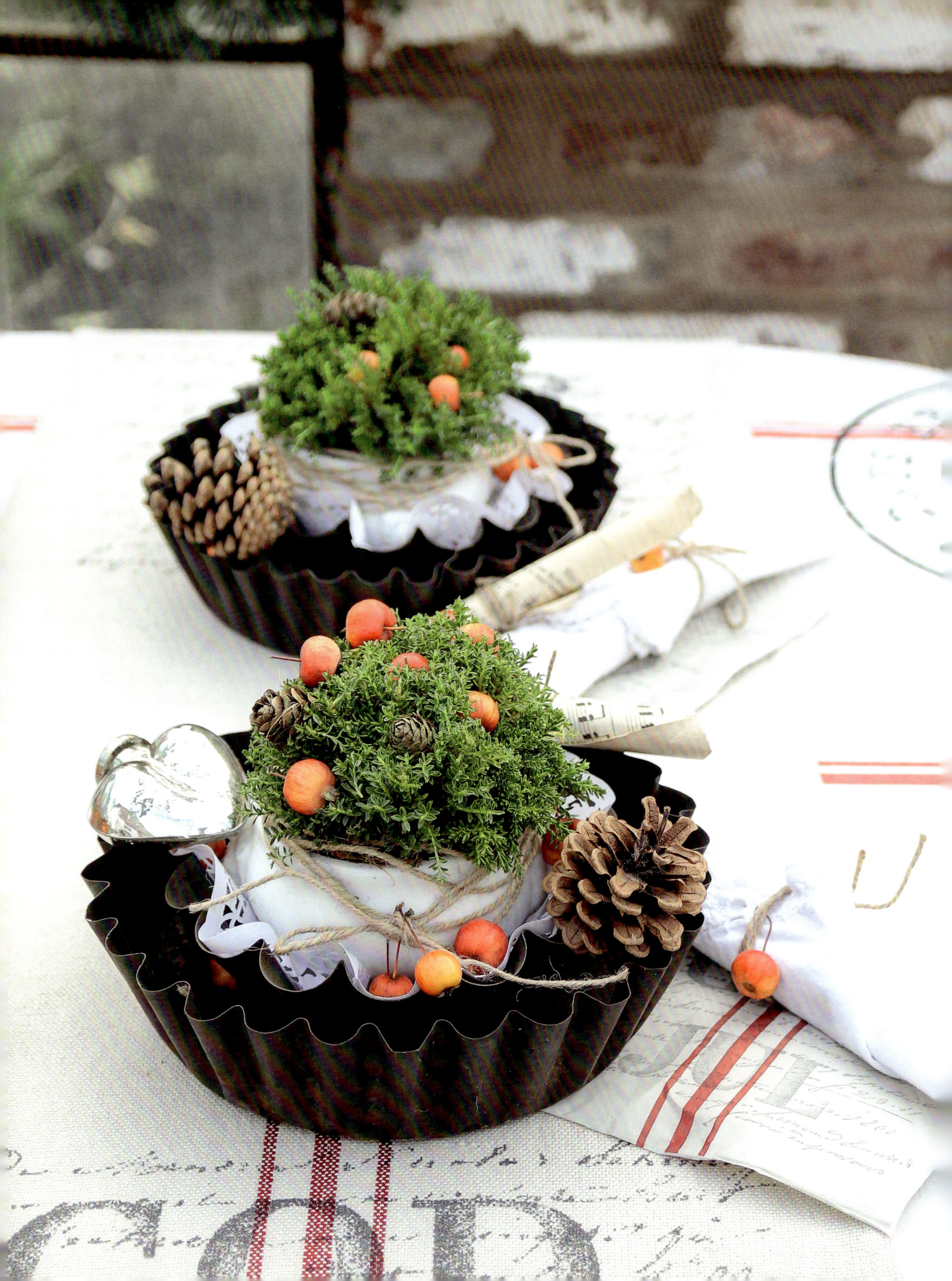
JUL

Apfelrot und Tannenduft

Weihnachten steht vor der Tür und wir bereiten dem Christkind einen wunderbaren Empfang. Landhausromantik mit Beeren und verführerisch tiefroten Äpfeln. Wie kostbare Edelsteine leuchten sie uns entgegen und zaubern feine Kontraste zum weißen Schnee und den grünen Tannenzweigen. Schon im 18. Jahrhundert wurden rote Äpfel als Baumschmuck genutzt. Natürliche Materialien und die Farbe Rot ziehen sich auch durch die dänische Geschichte »Peters Weihnacht«, die das bürgerliche Weihnachtsfest der 1860er-Jahre beschreibt. Diese Naturmaterialien haben bis heute nicht an Reiz verloren und tragen eindrucksvoll zum Landhausflair bei. Äpfel sind nicht nur zauberhafte Dekorationen, sie sind außerdem lange haltbar und lassen sich mit ihren unterschiedlichen Größen und Farbnuancen vielseitig dekorieren. Ob als Kranz gebunden, als Kerzenhalter, Apfelgirlande, Tischmuck oder zum Füllen diverser Gefäße und Glasbehälter – der Fantasie sind keine Grenzen gesetzt. Wenn der Garten sein winterliches Gewand überstreift, kommen die Früchte besonders gut zur Geltung und dienen auch als Futterstelle für die Tiere. So wandern immer wieder rotwangige Äpfel ins Freie.

Das alte Küchensieb mit dunkelroten Äpfeln steht in einem gebundenen Kranz aus Tannenzweigen. Geschmückt mit einigen Tannenzapfen, wird daraus die passende Dekoration im winterlichen Garten. Die schönen Kerzen können als Kerzenhalter fungieren, ob für Stabkerzen oder für ein Teelicht. Dafür einfach die Bodengröße der Kerze aus dem Apfel herausschneiden und die Kerze reinsetzen.

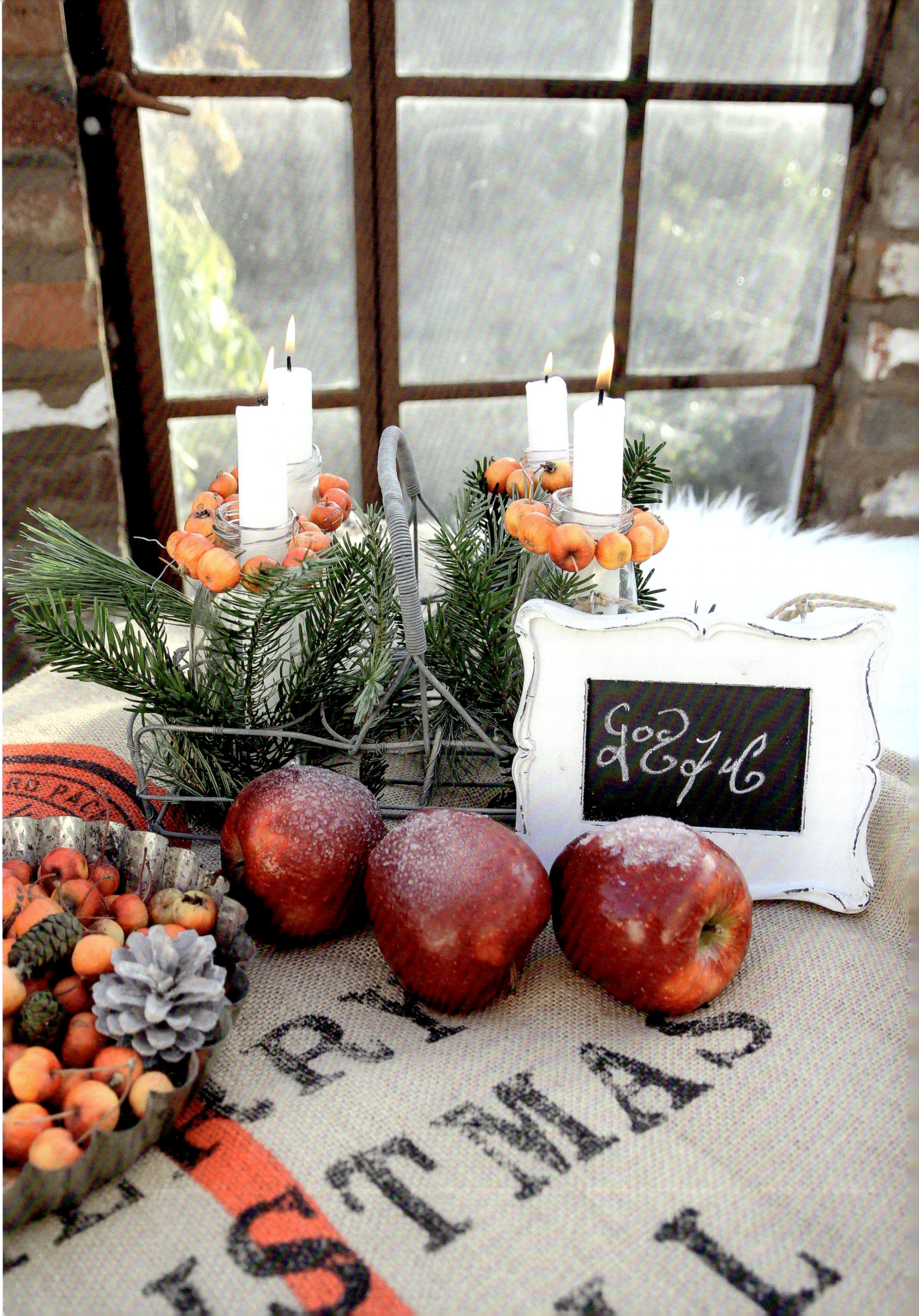

COLLECTORS
ITEMS

KITCHENWARE
LINEN

HOLIDAY OPEN

Um natürliche Blickpunkte zu schaffen, verwende ich gerne die roten Hagebutten meiner Ramblerrosen »Bobbie James®« und »Kiftsgate®«. Diese sind mit ihren kleinen Köpfchen besonders vielseitig einsetzbar und verzaubern kleine Terrinen, Kinderstiefel, Kränze und Saucieren oder dienen als Tellerschmuck. Für meinen Kranz habe ich ein neutrales Grün gewählt. Bupleurum (Hasenohr) ist schön zum Binden von Kränzen und ist in jedem Blumenladen erhältlich. In der Terrine wetteifern Hagebutten, Schleierkraut und Rosen um die Gunst des Betrachters. Cranberrys schmücken die Unterschale.

Bratapfel im Wintermantel

4 Äpfel
120 g Marzipan
4 EL in Rum eingelegte Rosinen
450 g Blätterteig
2 Eigelb
Vanillecreme

REZEPT FÜR 4 PERSONEN

Für die Bratäpfel verwende ich eine Sorte, deren Schale nicht zu fest ist.
Den Backofen auf 180 °C vorheizen. Die Äpfel waschen und das Kerngehäuse entfernen. Ein Stück Marzipan hineindrücken und das Loch mit den eingelegten Rumrosinen füllen. Mit einem weiteren Stück Marzipan verschließen. Aus dem Blätterteig 4 Quadrate zuschneiden und die Äpfel jeweils komplett in 1 Quadrat einwickeln. Aus dem Teig noch 2 Platten zuschneiden, die oben aufgelegt werden.
Zum Schluss die Äpfel mit Eigelb bestreichen und die Bratäpfel im vorgeheizten Backofen 20 Minuten backen.
Eine luftige Vanillecreme dazu servieren.

81

Panettone

2–3 EL Zucker
50 g gehackte Mandeln
50 g in Rum eingelegte Rosinen
400 g Mehl
2 Päckchen Trockenhefe
120 g Zucker
170 ml lauwarme Milch
125 g weiche Butter
4 Eigelb
1 Prise Salz
4 EL Mandellikör
Butter zum Fetten der Gläser

REZEPT FÜR 10 GLÄSER À 250 ML

2–3 Esslöffel Zucker in der Pfanne auflösen, bis sich flüssiges Karamell bildet. Die gehackten Mandeln darin wenden und beiseitestellen. Die Rumrosinen gut abtropfen lassen und zu den karamellisierten Mandeln stellen. Mehl, Hefe, Zucker und die lauwarme Milch in eine Schüssel geben und verrühren. Die weiche Butter, Eigelbe, Salz und Mandellikör hinzufügen und alles gut mischen.
Den Teig zugedeckt 30 Minuten gehen lassen. Dann nochmals durchkneten und die karamellisierten Mandeln und Rumrosinen hineingeben. Wenn der Teig an den Fingern klebt, noch etwas Mehl zufügen. Nochmals 20 Minuten gehen lassen.
Inzwischen den Backofen auf 180 °C vorheizen und die Gläser einfetten. Den Teig erneut durchkneten und die Gläser zu drei Vierteln mit dem Teig füllen. Auf das Backblech stellen und in den Backofen schieben. Nach etwa 30 Minuten mit einem Holzstäbchen den Gartest machen. Wenn noch Teig am Stab klebt, die Panettoni weitere 10 Minuten backen. Die Kuchen anschließend abkühlen lassen und aus den Gläsern stürzen. Mit Papiermanschetten oder Bändern verschönern und mit Puderzucker bestäuben.

18. Weihnachtsspruch.
1. Am Weihnachts = baum die Lich = ter bren = nen,
2. Die Kin = der stehn mit hel = len Blik = ken,
3. Zwei En = gel sind hin = ein = ge = tre = ten,
4. „Ge = seg = net seid, ihr al = ten Leu = te,
ZIMT

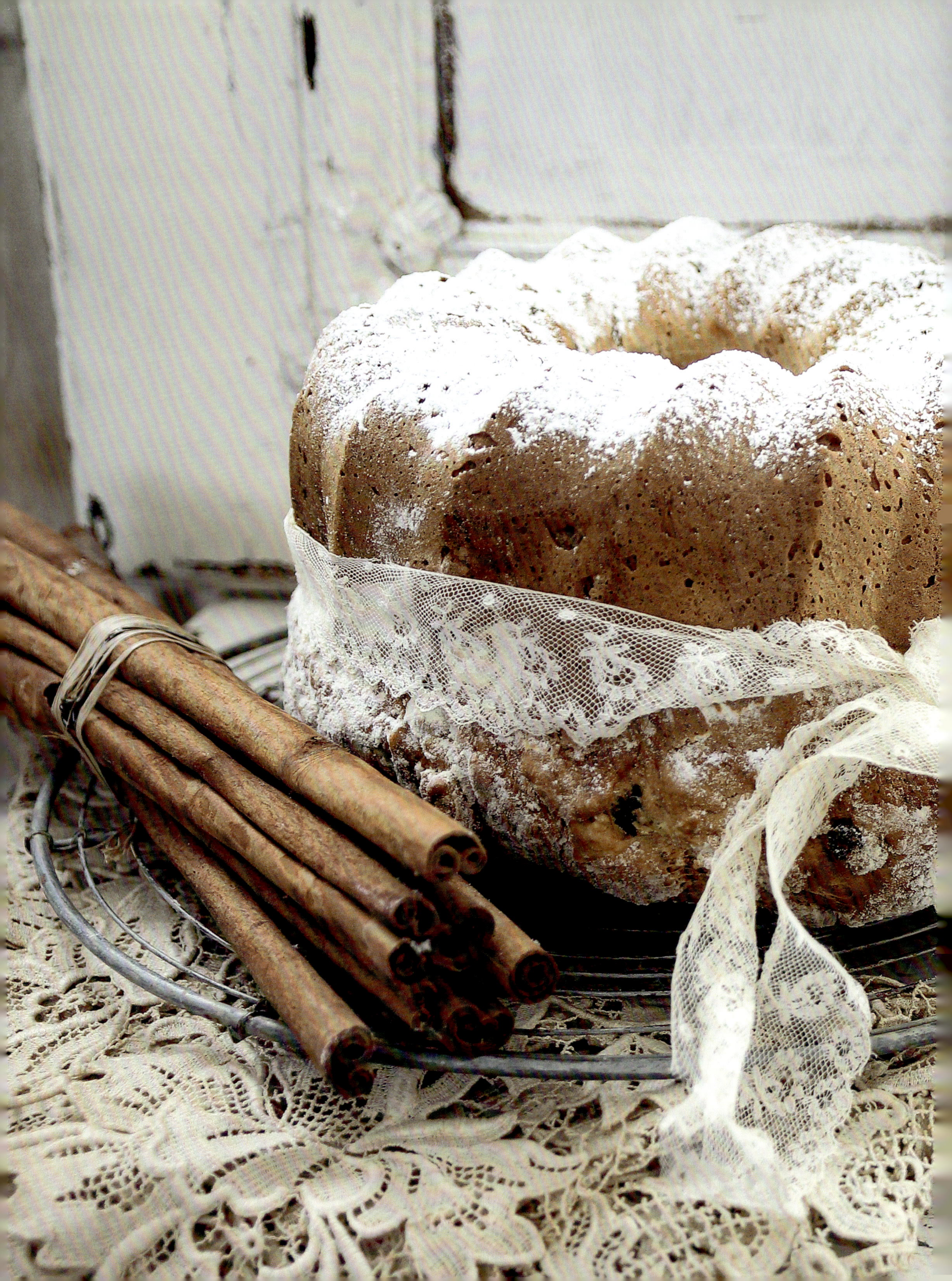

Die Engelsbäckerei

Wenn Sterne nach Zimt und Nüssen schmecken und der Duft von Mandeln und Orangen durch die Küche zieht, öffnet die Weihnachtsbäckerei ihre Türen.
Ein Glas mit alten nostalgischen Ausstechfiguren und das handgeschriebene Backbuch liegen schon bereit.
Wie von Zauberhand verwandelt sich die Küche in eine Wichtelwerkstatt und im Nu ist die Etagere mit leckeren Plätzchen und Marzipangebäck gefüllt.
Während ich den Teig ausrolle, werden Kindheitserinnerungen wach. Viele meiner Backutensilien hat schon meine Mutter benutzt. Aus Mehl und Zucker stellte sie kleine leckere Kunstwerke her. Mit großen leuchtenden Augen nahmen wir die weihnachtlichen Köstlichkeiten entgegen und ließen sie mit einem Glas Milch auf der Zunge zergehen. Die Lebkuchenmänner und -sterne wurden von uns mit großer Begeisterung ausgestochen und mit Zuckerglasur verziert.
Heute habe ich das Backbuch meiner Mutter um meine eigenen Lieblingsrezepte ergänzt. So entstehen traditionelle und neue Kreationen, doch die Liebe zum Backen, Genießen und Verschenken ist stets geblieben.

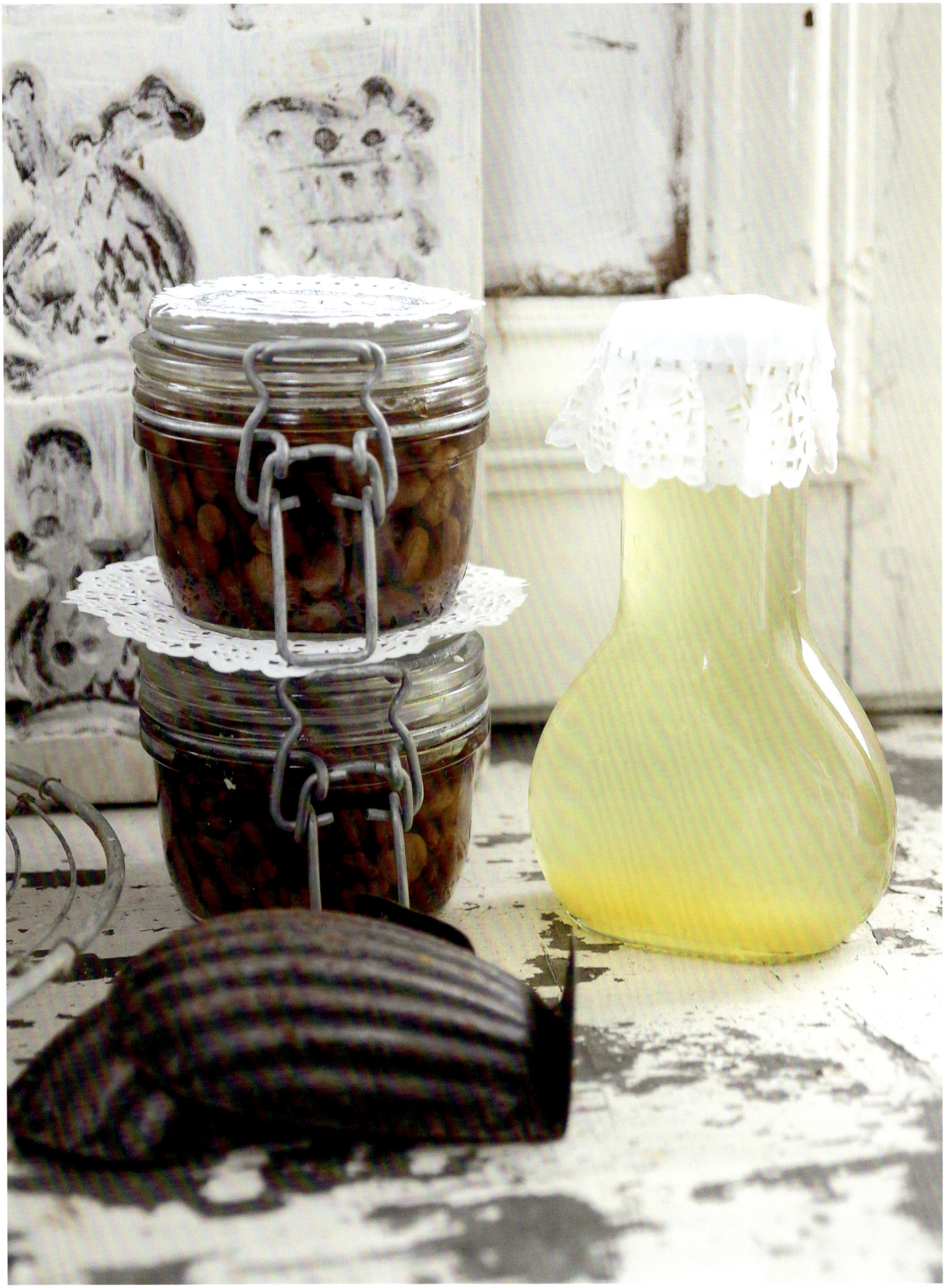

Eingelegte Früchte sind schnell zubereitet und eine wahre Bereicherung für die spontane Backlust. Sie veredeln Rühr- und Hefeteig, cremige Desserts oder kühle Eisspeisen. Manchmal gönne ich mir einen kleinen Löffel. Rosinen, Cranberrys und andere Trockenfrüchte lege ich mit etwas Zimt, Portwein oder Glögg in Rum ein. Auch dem deftigen Wildgericht geben sie eine schmackhafte Note.

In kleinen Flaschen abgefüllt, ist mein Ingwersirup schnell zur Hand. Auch diese köstliche Leckerei kommt täglich beim Aromatisieren von Kuchen, Tee oder Dessert zum Einsatz. Dazu einfach Ingwer mit der Schale klein hobeln, mit Zucker in wenig Orangensaft aufkochen und einige Minuten ziehen lassen. Durch ein Sieb gießen und noch heiß in Flaschen füllen.

Eclairs

BRANDTEIG
250 ml Milch oder Wasser
1 Prise Salz
50 g Butter
150 g Mehl
4 Eier

FÜLLUNG
500 ml Sahne
2 Päckchen Sahnesteif
2 Päckchen Vanillezucker
etwas Spekulatiusgewürz
1-2 Stücke eingelegter Ingwer

Puderzucker zum Bestäuben

REZEPT FÜR ETWA 24 STÜCK

Backofen auf 200 °C vorheizen.
Für den Teig die Milch oder das Wasser mit Salz und Butter in einem Topf unter ständigem Rühren aufkochen. Hierfür benutzen Sie am besten einen Holzlöffel. Das Mehl nach und nach in den Topf geben, bis ein Kloß entsteht. Es bildet sich nun auch eine weiße Haut auf dem Topfboden.
Den Teigkloß in eine Rührschüssel umfüllen und etwas abkühlen lassen. Mit dem Handrührgerät die Eier nach und nach unterrühren, bis sich eine homogene Masse gebildet hat.
Ein Backblech mit Backpapier auslegen und den Brandteig in einen Spritzbeutel mit Sternentülle füllen. Wer keinen Spritzbeutel zur Hand hat, kann dafür auch einen Gefrierbeutel verwenden. Die Spritztülle wird einfach in eine Ecke eingelegt und die Spitze abgeschnitten.
Beim Aufspritzen der Eclairs immer etwas Abstand zum nächsten lassen, da diese im Ofen schön aufgehen.
Etwa 12–15 Minuten goldgelb backen. Mit einer Schere aufschneiden und abkühlen lassen.
Sahne mit Sahnesteif, Vanillezucker und Spekulatiusgewürz steif schlagen. Ingwer klein schneiden und unterrühren. Die Sahne in einen Spritzbeutel füllen und auf eine Hälfte spritzen. Mit der anderen Hälfte belegen und mit etwas Puderzucker bestäuben.

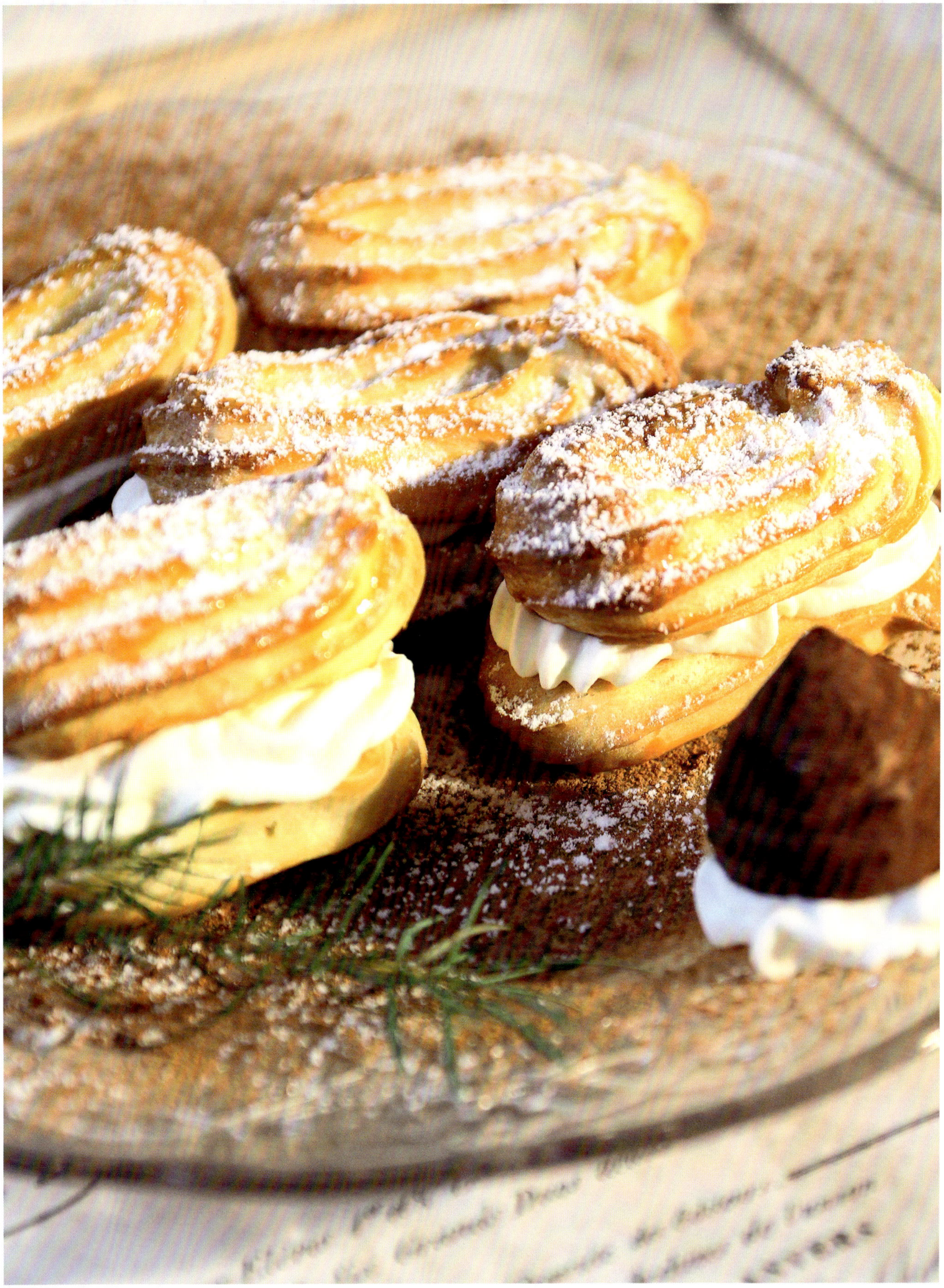

*Man braucht nur mit Liebe
einer Sache nachzugehen,
so gesellt sich das Glück hinzu.*

Johannes Trojan

CONCERT SONGS

MISS LAUR

Sternstunde und Wintermärchen

~~~~

Nehmen Sie sich eine Auszeit mit leiser Weihnachtsmusik, Kerzen und einer
heißen Tasse Tee. Die kleinen verführerischen Weihnachtstörtchen schmecken wunderbar
zu einem dampfenden Getränk.
Den Backofen auf 180 °C vorheizen. Aus Mürbeteig kleine Kreise ausrollen und diese in
die gefetteten Mulden eines Muffinblechs drücken. Die Füllung besteht aus einem leckeren
Cranberry-Mus (siehe Cranberry-Torte, Seite 96). Ein kleiner Klecks ist bereits ausreichend. Aus Marzipan kleine Sterne ausstechen, die zum Schluss aufgelegt werden.
Im Backofen in 15–20 Minuten goldbraun backen. Mit Puderzucker bestäuben.
Die Törtchen lassen sich gut einfrieren und bei Bedarf schnell auftauen.

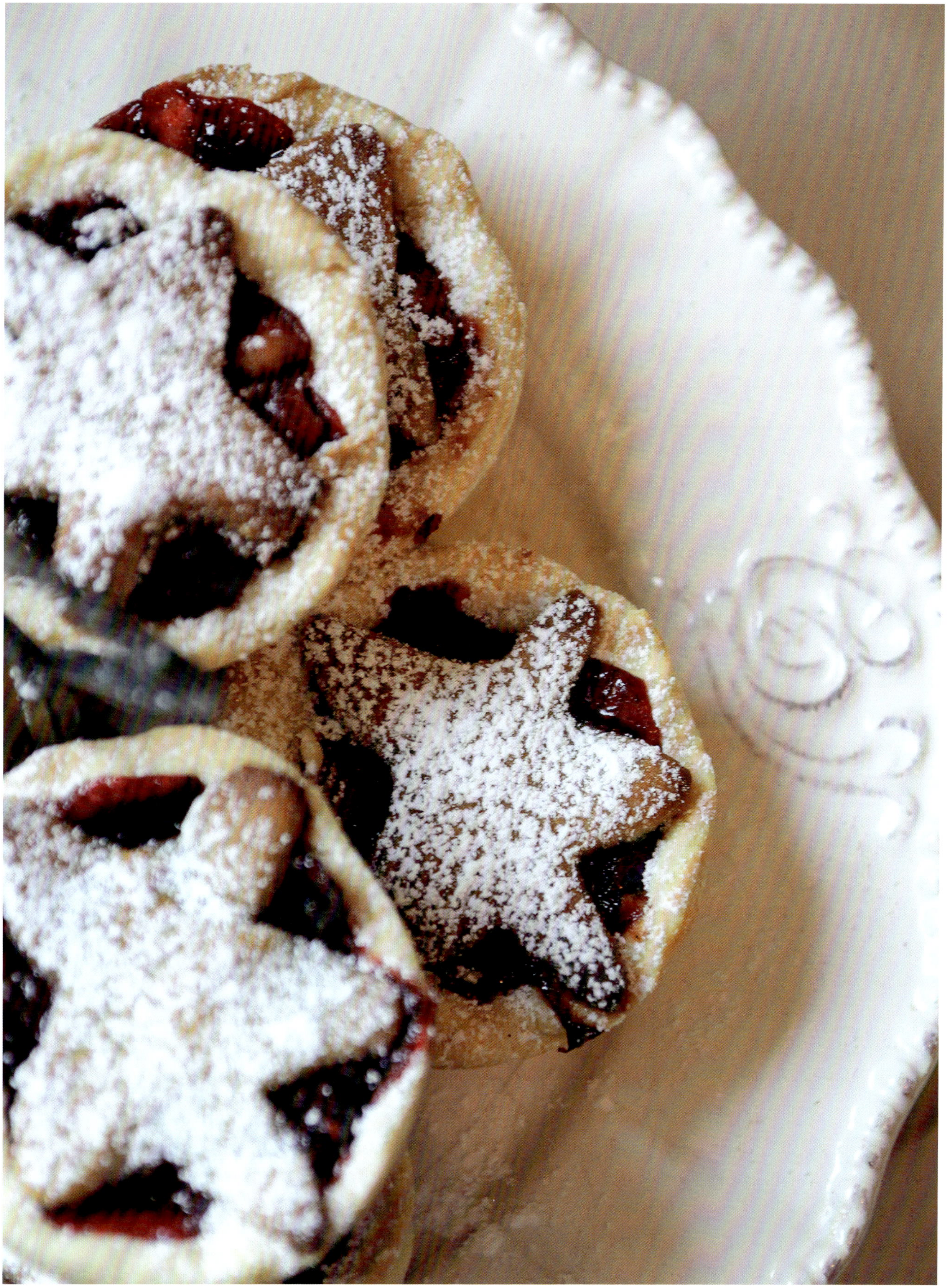

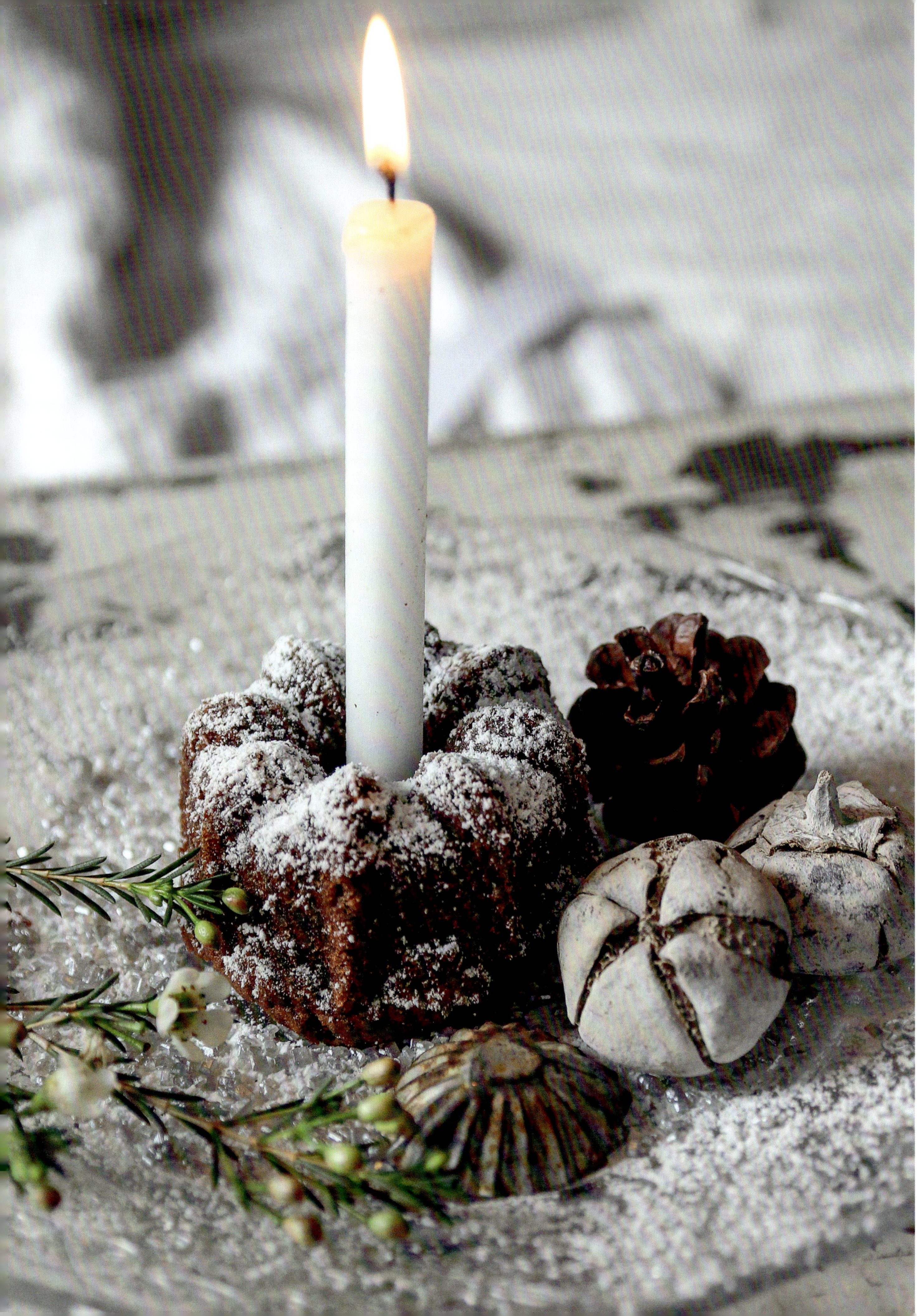

Schokoladenkekse mit einem feinen Hauch von Zimt gehören für mich unbedingt auf den Plätzchenteller. Für die Kaffeetafel werden sie nicht wahllos in eine Schüssel geschüttet, sondern liebevoll aufgetürmt und mit einem Band verschnürt. Eine Zimtstange duftet nicht nur wunderbar, sondern wird in kleinen Schokoladenpäckchen weihnachtlich in Szene gesetzt. So wird die süße Leckerei zum tollen Geschenk.

Cranberry-Torte

BISKUITBODEN
4 Eier
etwas warmes Wasser
6 EL Zucker
100 g Mehl
1 TL Backpulver

FRUCHTFÜLLUNG
250 g frische Cranberrys
Portwein
5 EL in Rum eingelegte Rosinen
2 unbehandelte Orangen
Cranberry-Sirup
einige Tropfen Lebkuchenaroma
100 g Haselnüsse
100 g Walnüsse
4 EL brauner Zucker
Zimtpulver
Vanilleextrakt

CREME
400 g Sahne
500 g Quark
1 Likörglas Cranberry-Sirup
2 Päckchen Instant-Gelatine

DEKORATION
400 g Sahne
2 Päckchen Sahnesteif
Zimtpulver
Nougattropfen
Zuckersterne
Zimt-Zucker

Backform von 28 cm Durchmesser

REZEPT FÜR 12 STÜCKE

Den Backofen auf 160 °C (Umluft) vorheizen. Für das Biskuit die Eier trennen. Das Eiweiß steif schlagen und die Eigelbe mit etwas warmem Wasser und Zucker zu einer schaumigen Masse verrühren. Mehl und Backpulver zufügen. Zum Schluss das Eiweiß locker unterheben. Den Teig in eine Springform füllen und etwa 25–30 Minuten backen. Für die Fruchtfüllung die Cranberrys in einen Topf füllen und mit Portwein bedecken. Die in Rum eingelegten Rosinen zufügen. Orangenschale abreiben und zugeben. Den Saft der Orangen auspressen und zu den Cranberrys geben. Mit Cranberry-Sirup und einigen Spritzern Lebkuchenaroma verfeinern. Die Nüsse grob hacken und mit dem braunen Zucker, dem Zimtpulver und dem Vanilleextrakt zufügen. Die Mischung zum Kochen bringen und etwa 20 Minuten bei kleiner Hitze einkochen lassen. Abschmecken. Falls die Mischung noch nicht süß genug ist, noch etwas Honig unterrühren. Die Flüssigkeit ist nun zum Mus verkocht. Für die Creme die Sahne steif schlagen. Den Quark mit Sirup und Gelatine verrühren und die Sahne unterheben. Einen Tortenring um den Biskuitboden legen und das Cranberry-Mus auf dem Boden verstreichen. Die Quarkmasse darauf verteilen und die Torte im Kühlschrank fest werden lassen. Vor dem Servieren mit geschlagener Zimtsahne, Nougattropfen und Zuckersternen verzieren und mit Zimt-Zucker bestäuben.

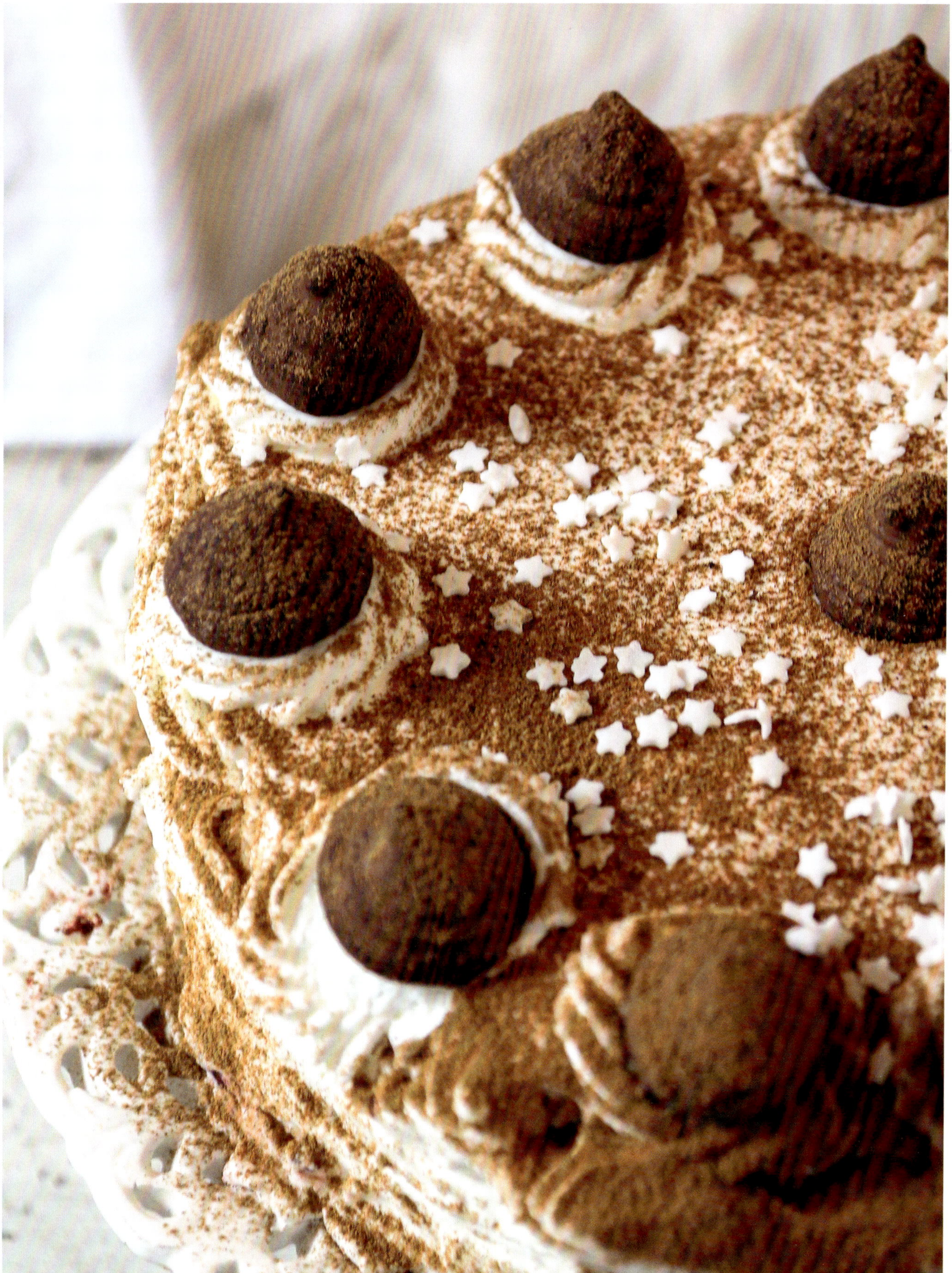

Mini-Stollen

50 g Zitronat
50 g Orangeat
150 g Mandeln
100 g Rosinen
2 EL Rum
200 g Butter
500 g Mehl
60 g Zucker
1 Päckchen Vanillezucker
30 g Hefe
2 Eier
etwas Zimtpulver und gemahlene Nelke
100 g Butter und etwas zum Bestreichen
75 g Puderzucker

REZEPT FÜR ETWA 15 STÜCK

Zitronat und Orangeat würfeln, die Mandeln hacken. Zusammen mit den Rosinen in eine Schüssel geben und mit dem Rum aromatisieren. Die Butter in einem Topf erwärmen. In einer Schüssel Mehl, Zucker und Vanillezucker mischen. Die Hefe in der lauwarmen Milch auflösen. Mit den Eiern, den Gewürzen und der Butter zum Mehl geben und alle Zutaten gut durchkneten. Den Teig mit einem Küchentuch abdecken und an einem warmen Ort 1 Stunde gehen lassen.
Den Backofen auf 160 °C (Umluft) vorheizen. Aus dem Teig kleine Stollen formen und diese 40 Minuten backen. Zum Schluss etwas Butter zerlassen und die heißen Stollen damit bestreichen.
Mit Puderzucker bestäuben. Die kleinen Stollen sind mehrere Wochen haltbar.

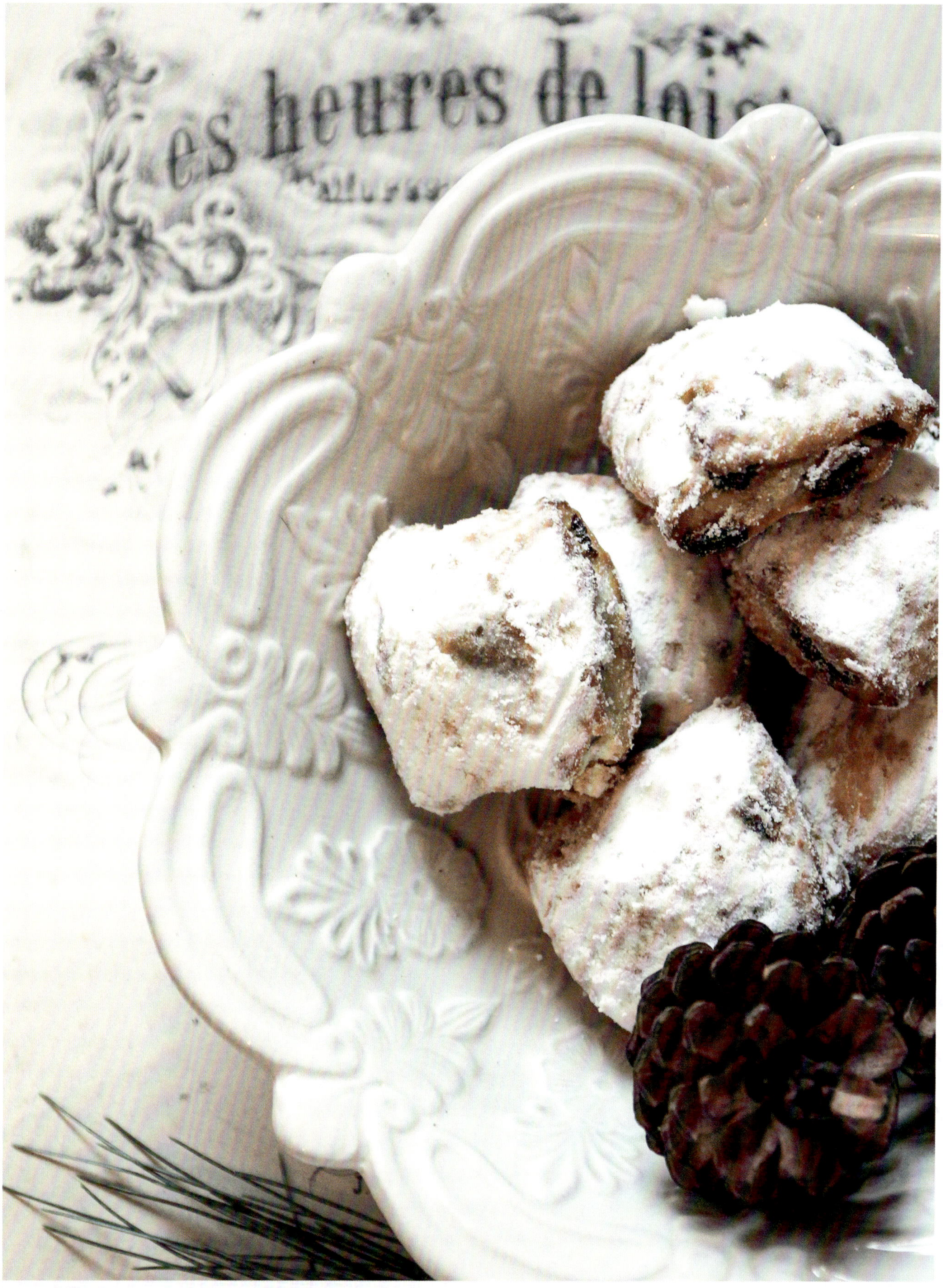

Bûche de Noël

Bûche de Noël ist die Weihnachtsspezialität der Franzosen. Das Dessert ähnelt unserer Biskuitrolle und wird traditionell wie ein Baumstamm dekoriert. Die Bûche wird mit einer dunklen Schokoladen-Buttercreme gefüllt. Für diese Variante habe ich eine luftig leichte Creme gewählt. Zudem serviere ich das Dessert im Glas.

BISKUITBODEN
4 Eier
2 EL warmes Wasser
5 EL Zucker
100 g Mehl

FÜLLUNG
4 Blatt Gelatine
¼ l Sahne
einige Spritzer Haselnuss-Sirup
150 g Zartbitterschokolade
2 Eigelb
100 ml Kaffeelikör
Zimtpulver
Tongabohne

DEKORATION
Puderzucker zum Bestäuben
Kakao
Marzipan (nach Belieben)

6 Gläser à 250 ml

REZEPT FÜR 6 PERSONEN

Den Backofen auf 210 °C vorheizen. Für den Biskuit die Eier trennen und das Eiweiß steif schlagen. Die Eigelbe mit Wasser und Zucker schaumig rühren. Das Mehl dazugeben und zu einem glatten Teig verrühren. Das Eiweiß unterheben. Auf ein mit Backpapier ausgelegtes Backblech streichen und im vorgeheizten Backofen 8–10 Minuten backen. Zwischendurch mehrmals kontrollieren, ob das Biskuit nicht zu dunkel wird. Das Backpapier abziehen und das Biskuit auskühlen lassen.

Für die Füllung die Gelatine nach Packungsangabe einweichen. Die Sahne steif schlagen und den Haselnuss-Sirup einrühren. Die Schokolade über dem Wasserbad oder in der Mikrowelle schmelzen und leicht abkühlen lassen. Die Eier trennen. Die Eigelbe in einer Schüssel cremig schlagen und unter kräftigem Rühren die Schokolade zugeben und alles glatt verrühren. Den Kaffeelikör in einem Topf erwärmen und die Gelatine darin auflösen. Unter die Schokocreme rühren. Die Sahne unterheben und die Mischung mit den Gewürzen abschmecken.

Mit einem Glas in entsprechender Größe aus dem Biskuitboden 12 Kreise ausstechen. Pro Person 1 Stück Biskuitboden in ein Glas legen und etwas Creme darauf verteilen. Ein 2. Stück Biskuitboden zerbröseln und darauf verteilen. Mit Puderzucker bestäuben – fertig.

Eventuell aus Marzipan kleine Kakaopilze formen. Dazu aus einem Stück Marzipan einen Stiel rollen, mit Kakao bestäuben und einen passenden Deckel aus Marzipan formen.

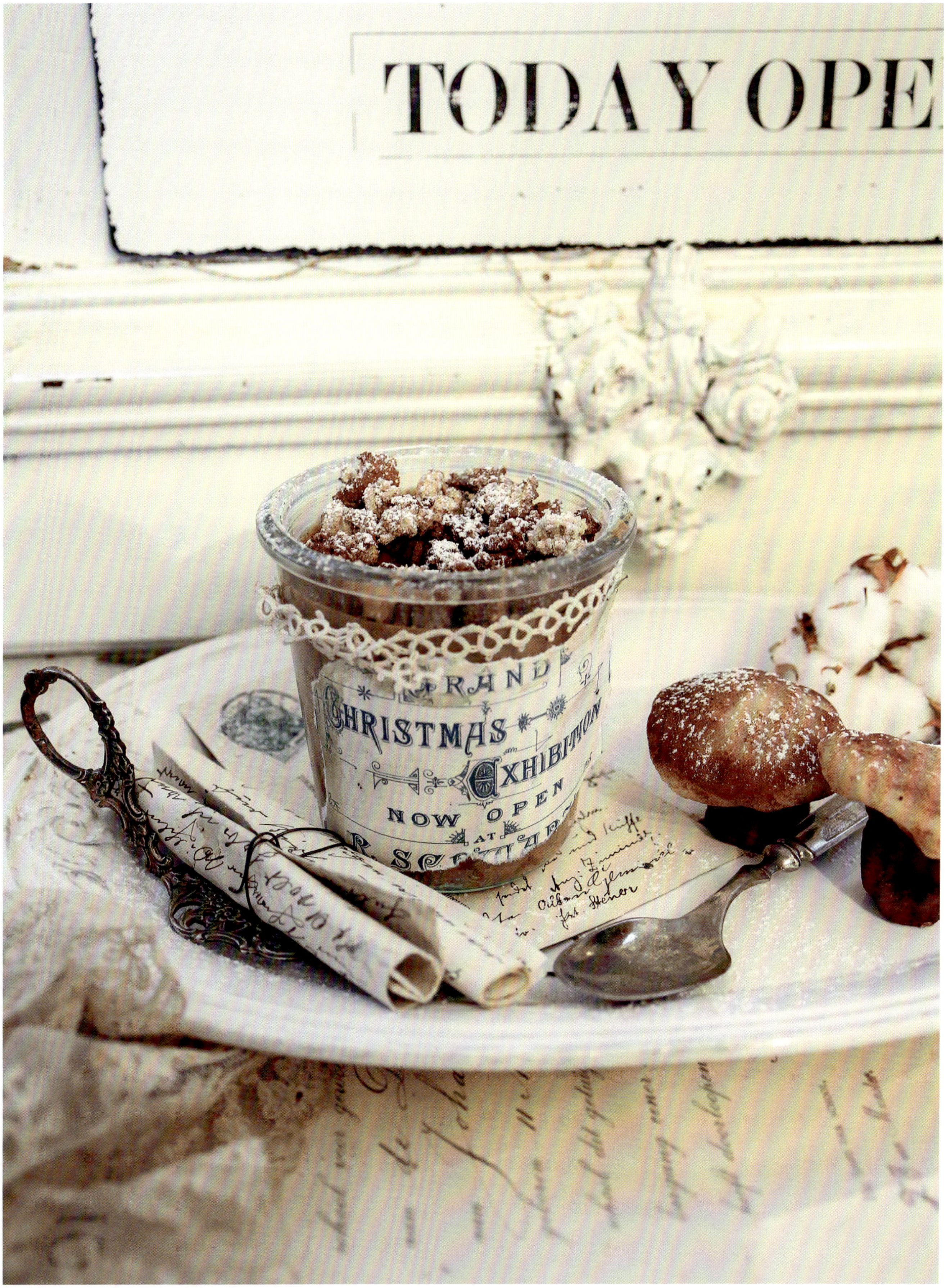
TODAY OPE
GRAND
CHRISTMAS
EXHIBITION
NOW OPEN
AT

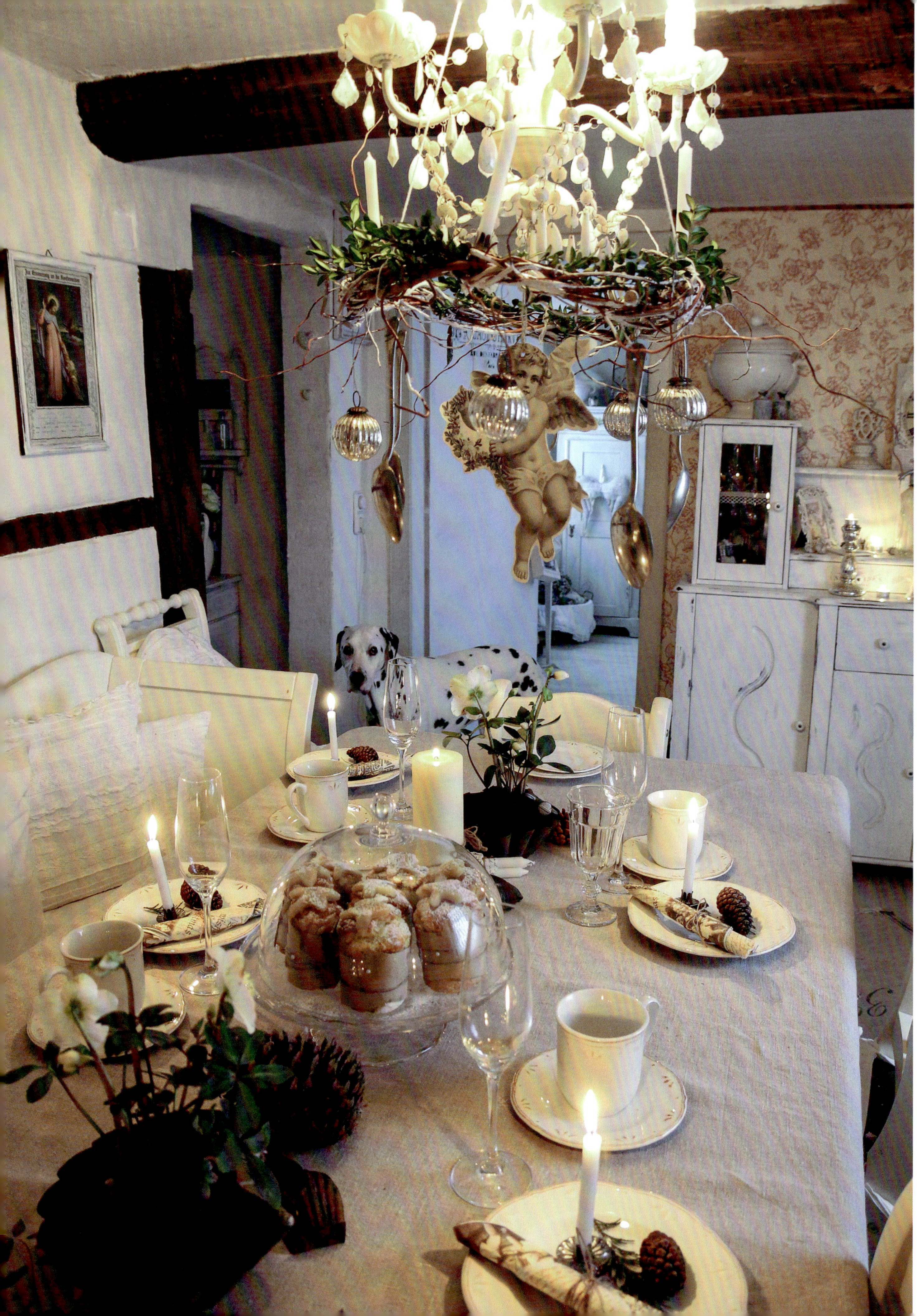

Einladung zum Adventskaffee

»Advent, Advent, ein Lichtlein brennt ...« Und da es so schön ist, den Advent in vollen Zügen zu genießen, laden wir gerne Freunde ein. Durch das Haus zieht das Aroma von Zimtstangen und gespickten Orangen und die Tannenzweige verströmen ihren würzigen Duft. Windlichter flackern hinter Glas und werfen tanzende Schatten an die Wand. Der Tisch wird immer wieder anders gedeckt, mal festlich elegant, mal natürlich rustikal. Doch feines, weißes Geschirr gehört immer dazu. Die Teller sind mit kleinen Zweigen oder Zapfen dekoriert, und an der Gabel ist ein kleines Weihnachtsgedicht befestigt. Als Gastgeschenk gibt es Weihnachtsmarmelade und neue Tortenkreationen warten schon auf die Gäste. Wieder zünden wir Kerzen an und genießen mit unseren Freunden die Glücksmomente dieser festlichen Zeit, die leider viel zu schnell vergeht.

Die große tiefe Backform stammte einst von einem belgischen Flohmarkt und verschwand erst einmal in einer staubigen Kiste. Als ich dann meine Weihnachtsdekoration vom Dachboden hinuntertrug, fiel mir die Kuchenform wieder in die Hände – genau richtig für mein Adventsgesteck. Die große Fläche lädt zum Dekorieren ein und zwischen den Stumpenkerzen ist noch Platz für Tannenzweige und große Zapfen. Sanfter Kerzenschein umspielt die filigrane Kuchenplatte und die perlmuttfarbenen Perlen reflektieren das Licht. Ein Votivherz heißt die Gäste willkommen.

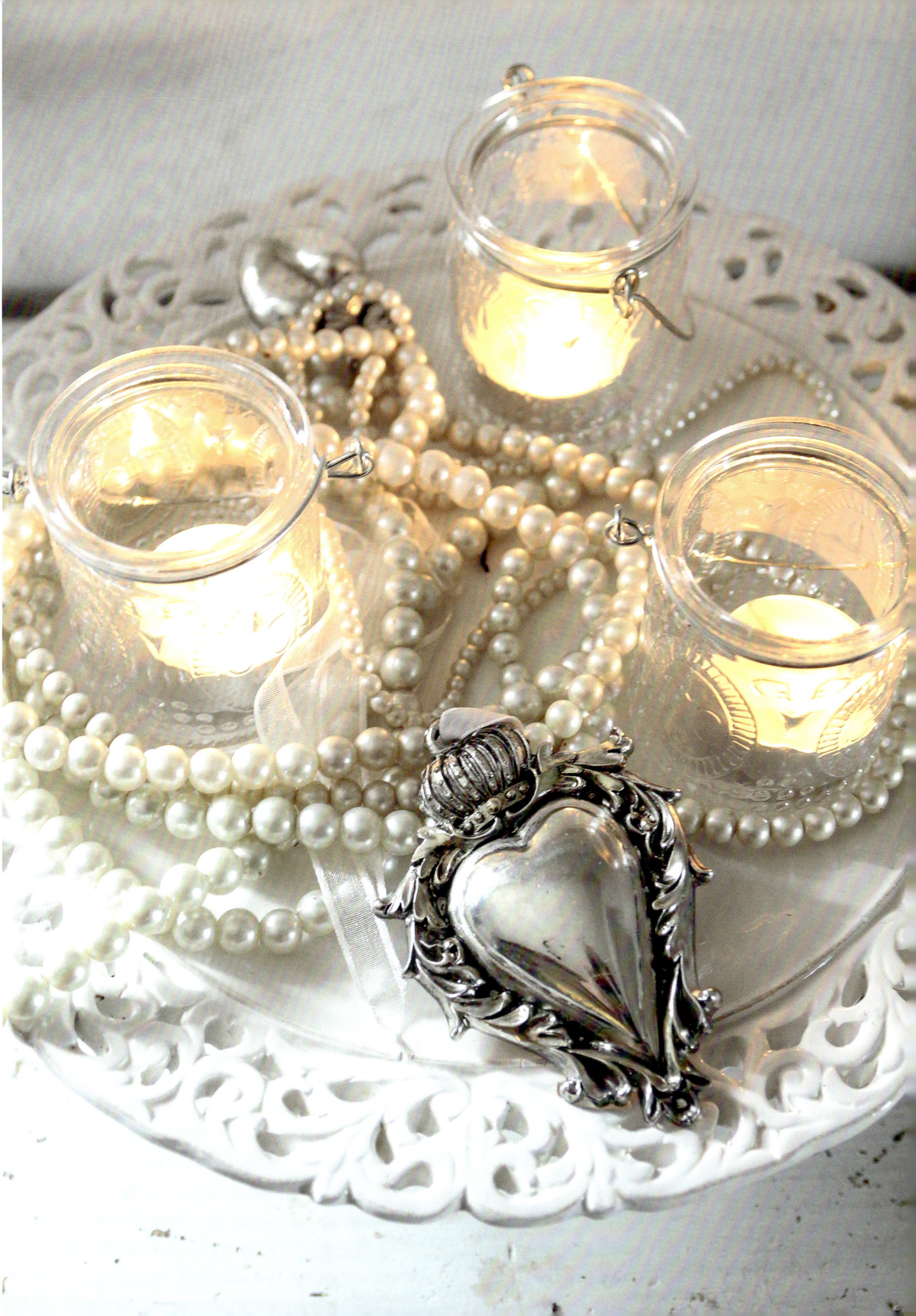

Schneeflockentraum

BISKUITBODEN (2x)
JE BODEN
3 Eier
3 EL Wasser
50 g Zucker
100 g Mehl
½ TL Backpulver
1 Päckchen Haselnüsse (für 1 Boden)

CREME
25 g Speisestärke
1 Ei
1 Dose Kokosmilch
85 g Zucker
45 g Kokosmark
1 Prise Salz
1 Prise Vanillearoma
2 Päckchen Gelatine
¾ l Sahne

DEKORATION
200 g weiße Schokolade
Schokoladenraspeln
1 EL Öl

Backform von 26 cm Durchmesser

REZEPT FÜR 12 STÜCKE

Den Backofen auf 180 °C vorheizen.
Für das Biskuit die Eier trennen und das Eiweiß steif schlagen. Eigelbe, Wasser und Zucker cremig aufschlagen. Mehl und Backpulver zugeben und den Eischnee locker unterheben. Den Teig in eine Springform füllen und den Boden mit ganzen Haselnüssen bedecken. Im vorgeheizten Backofen 20 Minuten backen.
Nach diesem Prinzip einen 2. Biskuitboden backen und beiseitestellen.
Für die Creme Speisestärke, Ei und einen Großteil der Kokosmilch verrühren. Die restliche Kokosmilch mit Zucker, Kokosmark und Gewürzen erhitzen. Speisestärke unterrühren und alles einmal aufkochen. Die Gelatine nach Packungsanweisung verarbeiten und unter die warme Kokosmasse rühren. Die Sahne steif schlagen und nach dem Abkühlen unterheben. Etwas Creme auf dem Nussbiskuit verteilen.
Den 2. Boden aufsetzen und mit der restlichen Creme bestreichen. Kalt stellen.
Für die Dekoration die Schokolade raspeln und in einer Schüssel über dem Wasserbad schmelzen lassen. Das Öl unterrühren. Die Schokolade auf die Rückseite eines Backbleches gießen und kalt stellen. Anschließend mit einem Spachtel feine Späne abraspeln. Die Torte mit den weißen Schokoraspeln verzieren.

107

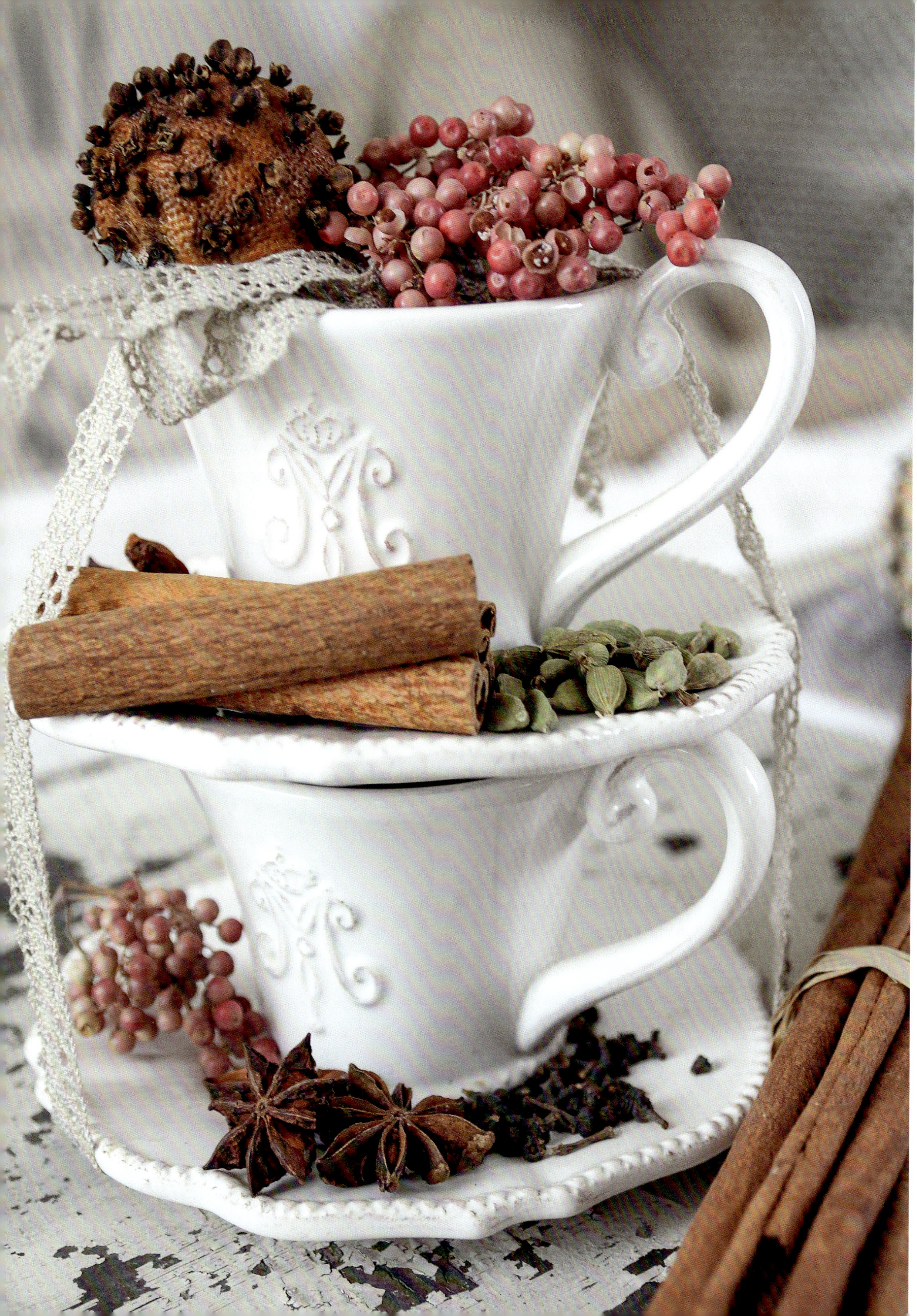

Geschenke aus der Weihnachtsküche

Was wäre die Adventszeit ohne den so typischen Duft verschiedener Weihnachtsaromen wie Zimt, Gewürznelke, Orange, Honig, Kardamom und Tannenduft? Eingefangen in kleinen Geschenken, erfreuen sie Mensch und Nase.
Für mich ist die Zubereitung dieser Geschenke ein Fest für alle Sinne. Es wird nach Herzenslust gekocht, gebacken, verpackt, dekoriert, gefaltet, verschnürt – und alles wird begleitet von einem herrlichen Parfum de Noël. Auch das Naschen in der Küche ist erlaubt, schließlich muss alles probiert werden.
Von leiser Musik inspiriert, werden die Geschenke liebevoll verpackt. Kleine Kärtchen weisen den Inhalt und sind zudem ein schöner Blickfang. Ich persönlich finde, dass die Geschenke zu Weihnachten inzwischen überhandnehmen. Paket über Paket stapelt sich unterm Baum und nach dem Fest beginnt der große Umtausch.
Stattdessen sollte man sich wieder auf das Wesentliche konzentrieren und Menschen nicht mit Geschenken überhäufen. Viel wichtiger sind Aufmerksamkeit, Zuwendung und ein mit Liebe ausgesuchtes Geschenk. Und wenn es auch noch handgemacht ist, dann gibt es für mich nichts Schöneres.

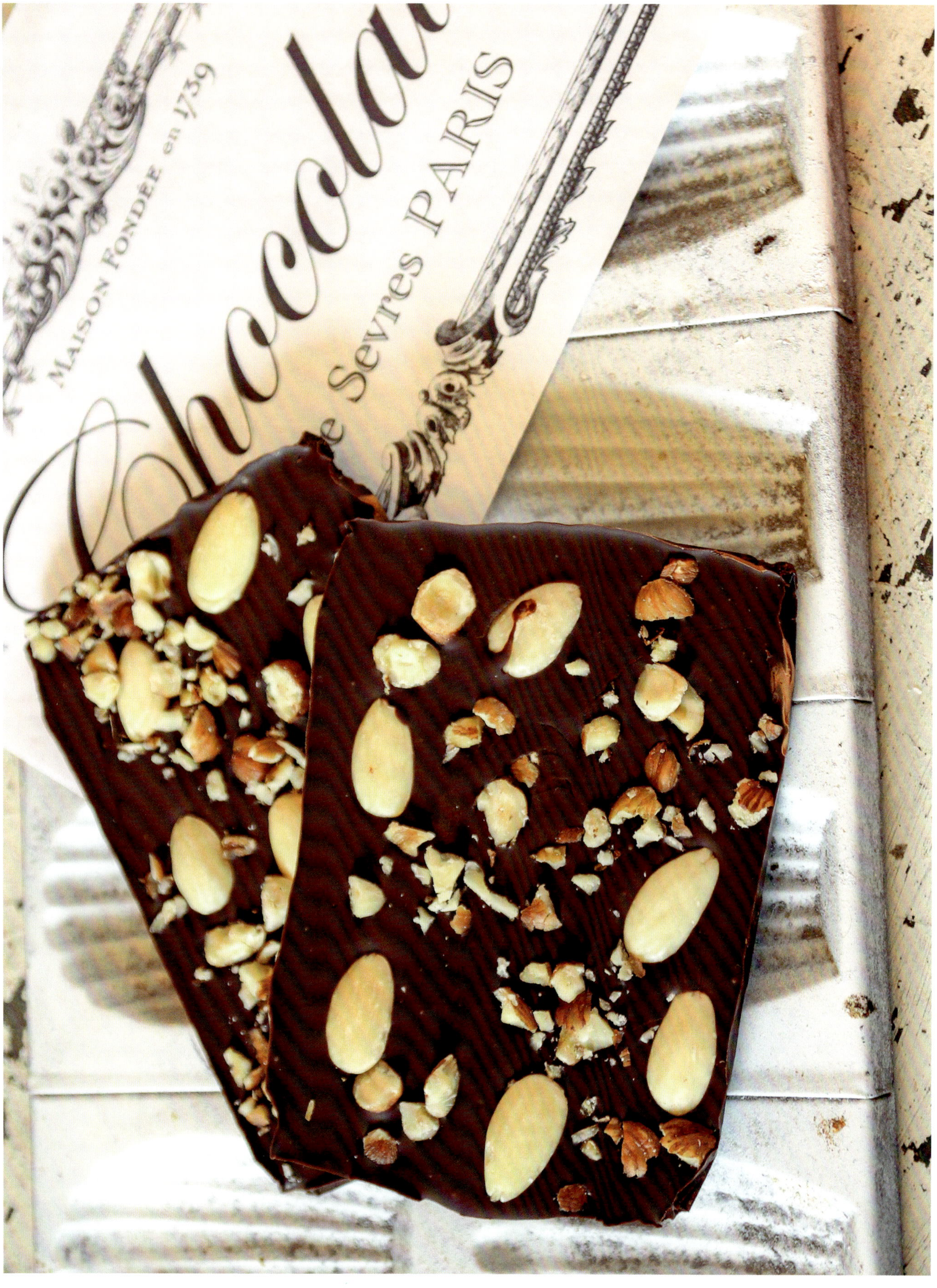
MAISON FONDÉE en 1739
Sevres PARIS

Schokoladenträume

Diese selbst gemachten Tafeln verheißen eine Verführung in zart schmelzender Schokolade. Für kleine Naschkatzen genau das richtige Geschenk und so habe ich die Tafeln gleich in mehreren Varianten hergestellt. Cranberrys, Nüsse und Rosenblüten verzücken nicht nur den Gaumen, sondern sind ein wahrer Augenschmaus.
Ich habe hochwertige Schokoladenplättchen verwendet. Diese werden geschmolzen und in eine Form gegossen, die ich mir aus Alufolie gebastelt habe. Direkt mit Nüssen oder Früchten verzieren und erkalten lassen. Für meine Geschenkvariante habe ich das Schokoladenpapier selbst erstellt und ausgedruckt.

Pflaumen-Zimt-Likör

250 g Pflaumenmus
300 g brauner Zucker
2 Msp. Nelkenpulver
2 Msp. Ingwerpulver
2–3 Zimtstangen
700 ml Wasser
½ Fläschchen Rumaroma
150 ml Rum
800 ml Wodka

REZEPT FÜR 1 LITER

Pflaumenmus, Zucker und Gewürze mit Wasser aufkochen. Nach einigen Minuten leicht abkühlen lassen. Nun Rumaroma und Alkohol zugießen und das Mus in ein Schraubglas füllen. Etwa 1 Woche durchziehen lassen, zwischendurch immer wieder gut schütteln. Zum Schluss den Likör durch ein Tuch filtern und in eine saubere Flasche füllen.

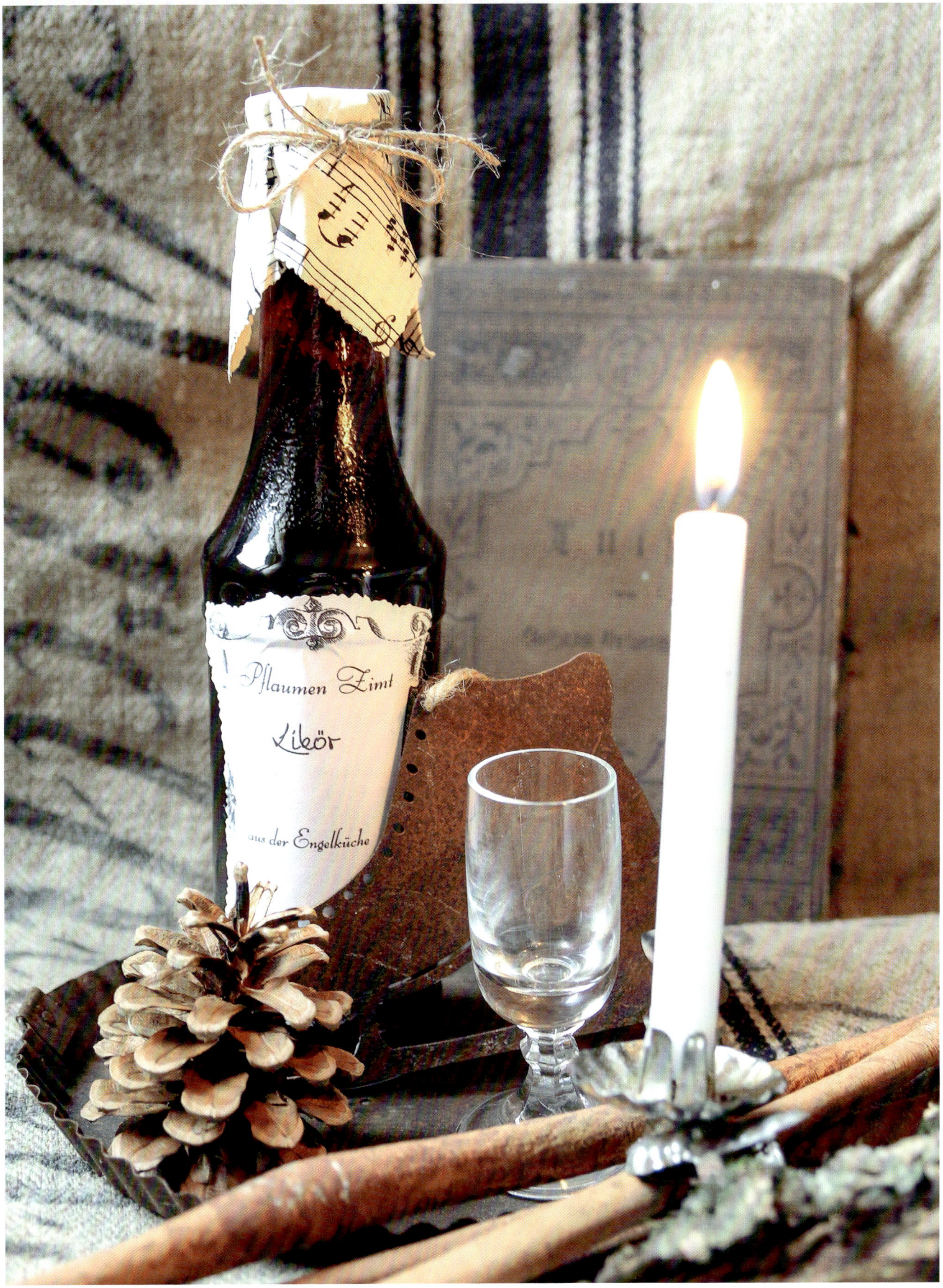
Pflaumen Zimt
Likör
aus der Engelküche

Für Herz und Seele

Kein Weihnachten ohne verführerische Düfte, die uns das Gefühl von Geborgenheit vermitteln.
Erinnerungen an Kindertage werden wach – denn schon bei der Großmutter durchzogen Zimtaromen den Raum.
Ein herrliches Geschenk sind Duftsäckchen oder -kissen. Die Säckchen habe ich aus Briefumschlägen gebastelt.
Suchen Sie sich ein schönes Motiv aus und drucken Sie es auf den Umschlag. Dieser wird zusammengeklebt
und am unteren Ende abgeschnitten.
Das weihnachtliche Potpourri besteht aus getrockneten Orangenschalen, Zimtstangen, Sternanis und einigen
Tropfen eines ätherischen Weihnachtsöls. Lassen Sie die Gewürze trocknen, bevor Sie sie in den Umschlag geben.
Für einen besseren Stand habe ich zusätzlich Papier von innen in den Umschlag geklebt. Mit einer Schleife verziert,
wird daraus ein herrliches Geschenk.
Meine Duftkissen habe ich mit parfümierter Watte befüllt. Hierfür einfach einige Tropfen Öl auf die Watte träufeln.

*Jeder, der sich die Fähigkeit erhält
Schönes zu erkennen,
wird nie alt werden.*

Franz Kafka

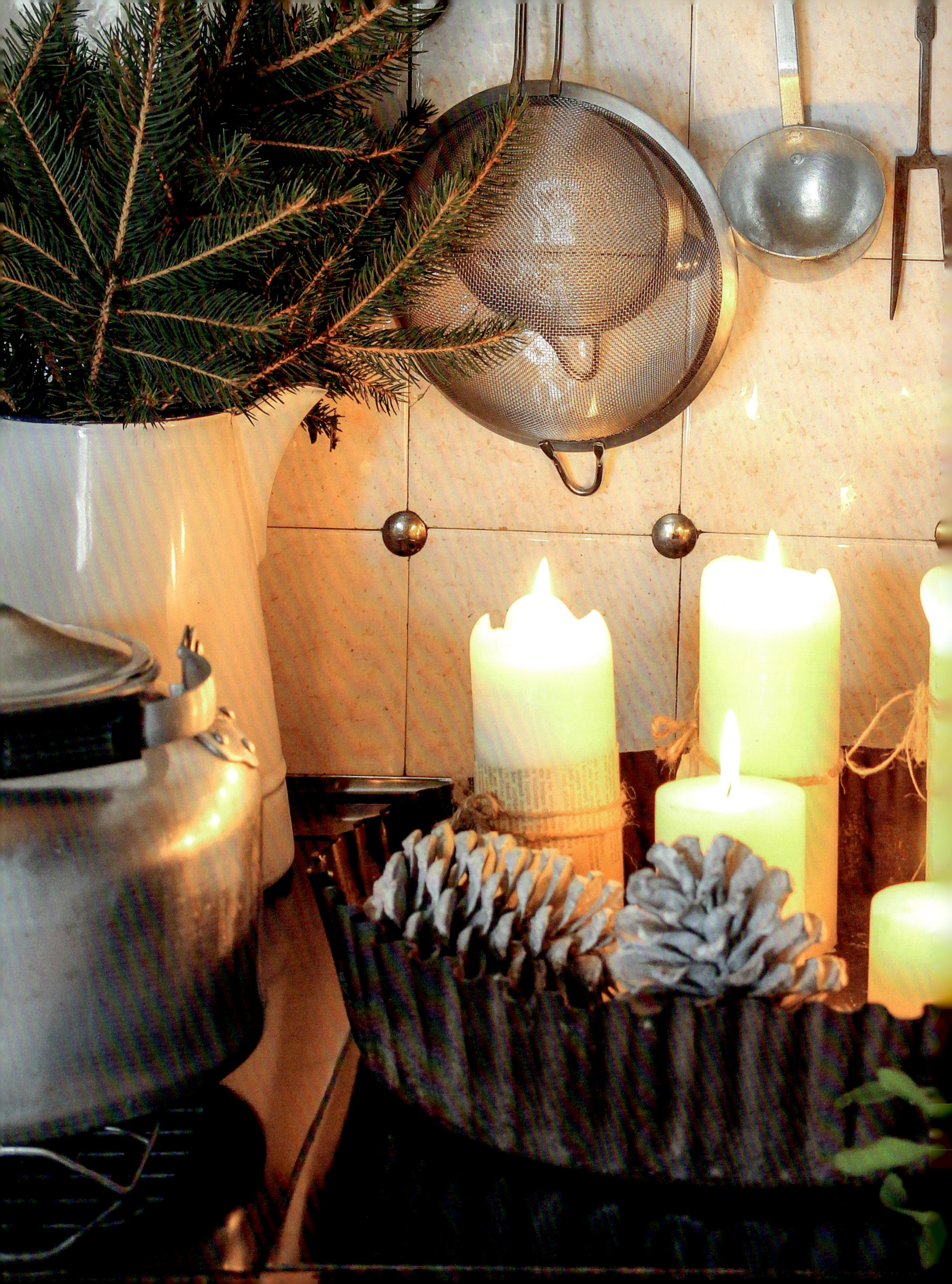

Lichterglanz

Im Mittelalter waren Kerzen sehr teuer und meist konnte man sich diesen Luxus nur in einem einzigen Raum leisten. So wurde die Kerze wie ein Schatz gehütet, da sie lange Licht spenden sollte. Die Pflege war aufwendig und die brennenden Kerzen rauchten und rußten. Seit dem Einzug der Elektrizität ist die Kerze nicht mehr die einzige Lichtquelle im Haus und wir können heute auf ein großes Sortiment zurückgreifen. Das ganze Jahr über kommt das flackernde Licht zum Einsatz. Auf Kerzen möchte keiner mehr verzichten. Wenn die Tage wieder kürzer werden und die Temperaturen sinken, sehnen wir uns nach Wärme und einer schönen Stimmung in einem gemütlichen Raum. Kerzenschein ist Balsam für die Seele und so erleuchten Kerzen nicht nur in der Adventszeit das Haus.

Die Liebe zu alten Backformen und Zubehör spiegelt sich in diesen Szenen wider. Hier kommen die Formen als Kerzenhalter zum Einsatz und verschönern Tische und Kommoden. Für ausrangierte Backutensilien finde ich so immer wieder Verwendung.

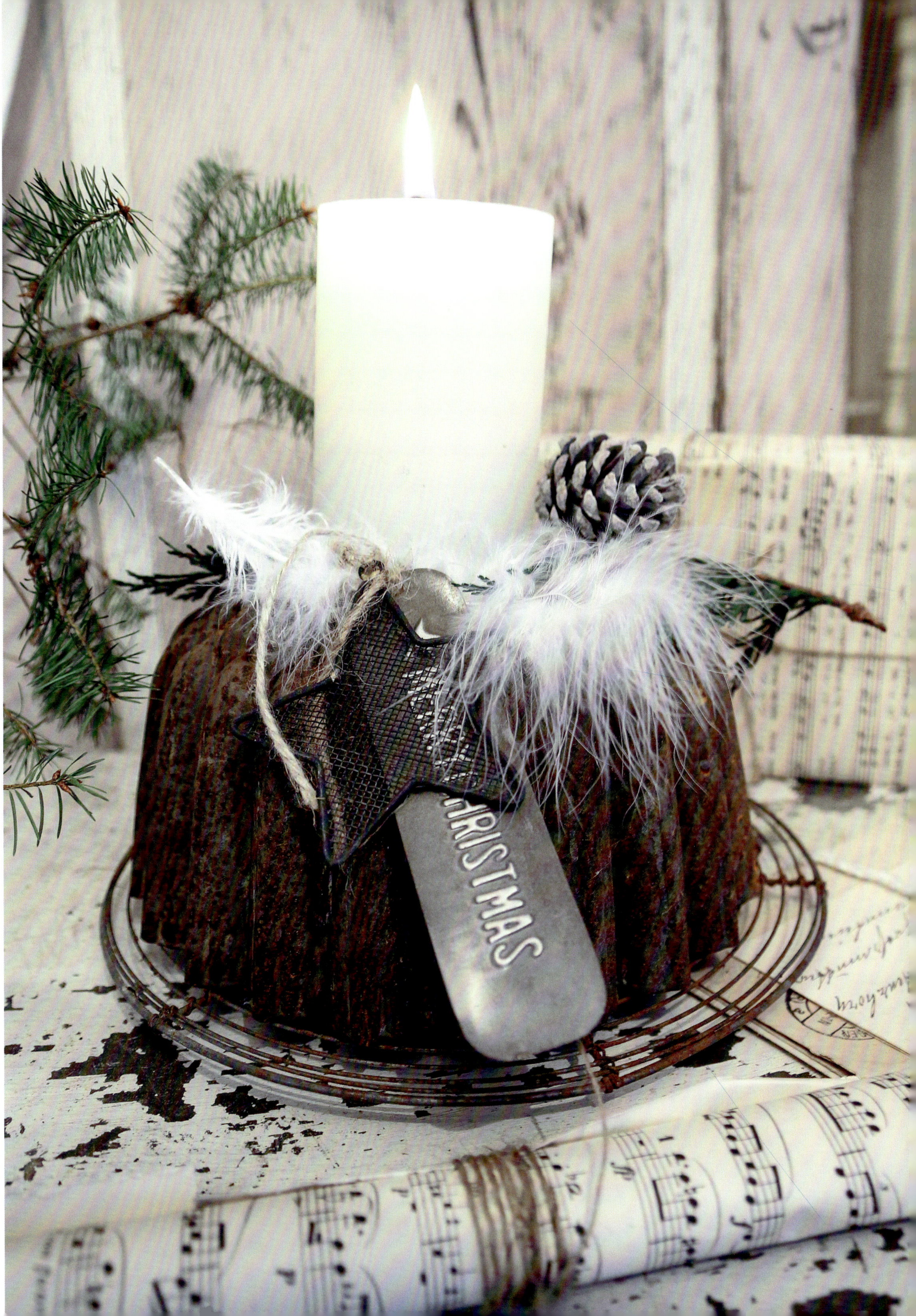

HRISTMAS

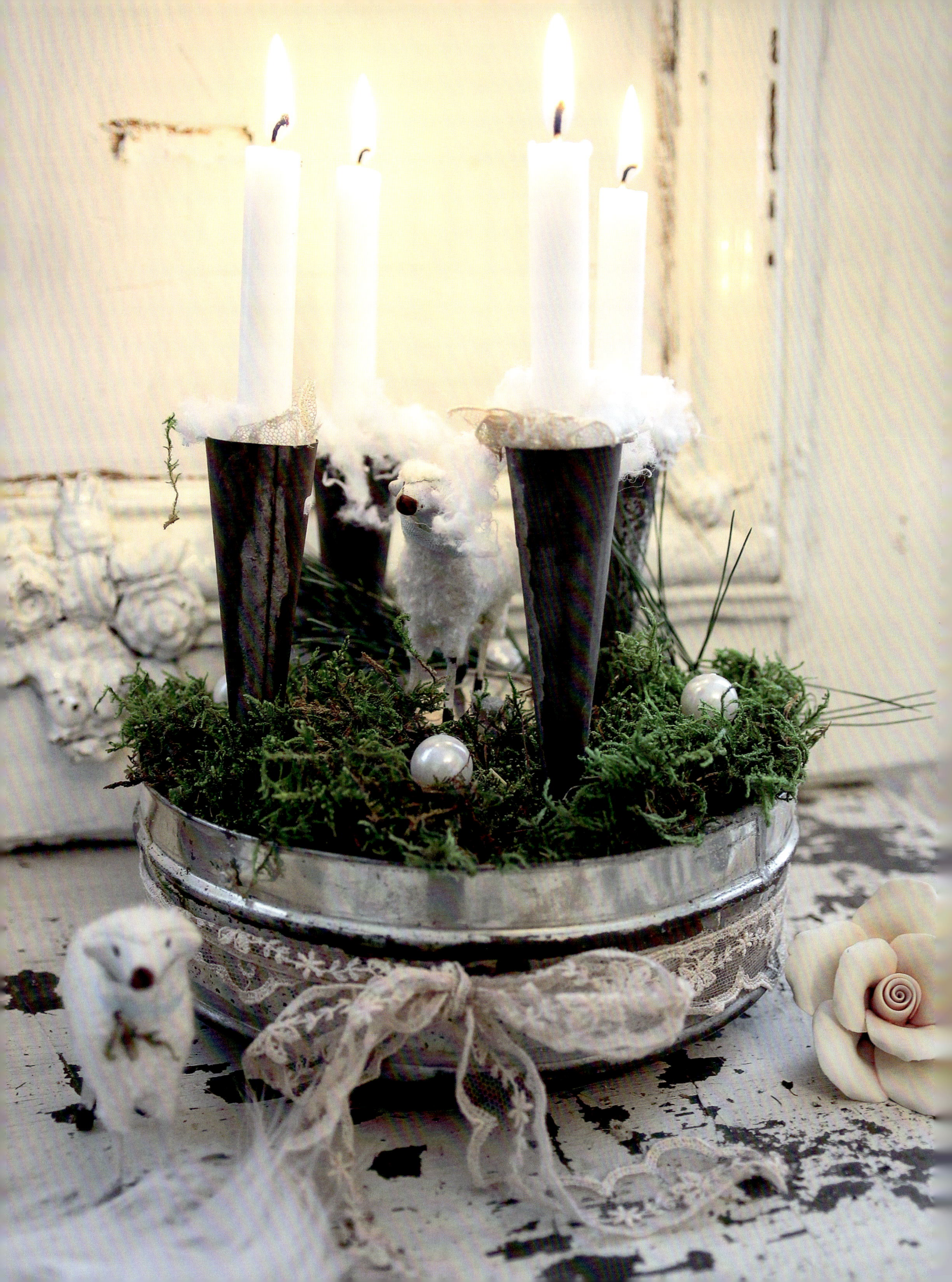

Auch die alten Schokoladenspitzen verzaubern mit Kerzenlicht. Diese lassen sich ganz einfach mit der Spitze in Steckschaum einarbeiten. Die Kerze kann mit etwas Watte fixiert werden. Als Kerzen verwende ich normale Baumkerzen. Bei diesen Kerzen sollten Sie immer in der Nähe sein, gerade wenn Materialien verwendet werden, die sich leicht entzünden. Zu meinem winterlichen Gesteck aus Eukalyptuszweigen, Weihnachtsschmuck und Schneebeeren passen sie ganz zauberhaft.

In dieser Szenerie spielt eine alte Wärmflasche die Hauptrolle. Romantisch wie auch rustikal kann man mit unterschiedlichen Dekoelementen eine schöne Stimmung schaffen. Normale Stabkerzen passen wunderbar in die Öffnung.

Weise ist jener,
*   dessen Träume groß genug sind,*
*   um sie im Auge zu behalten.*

Oscar Wilde

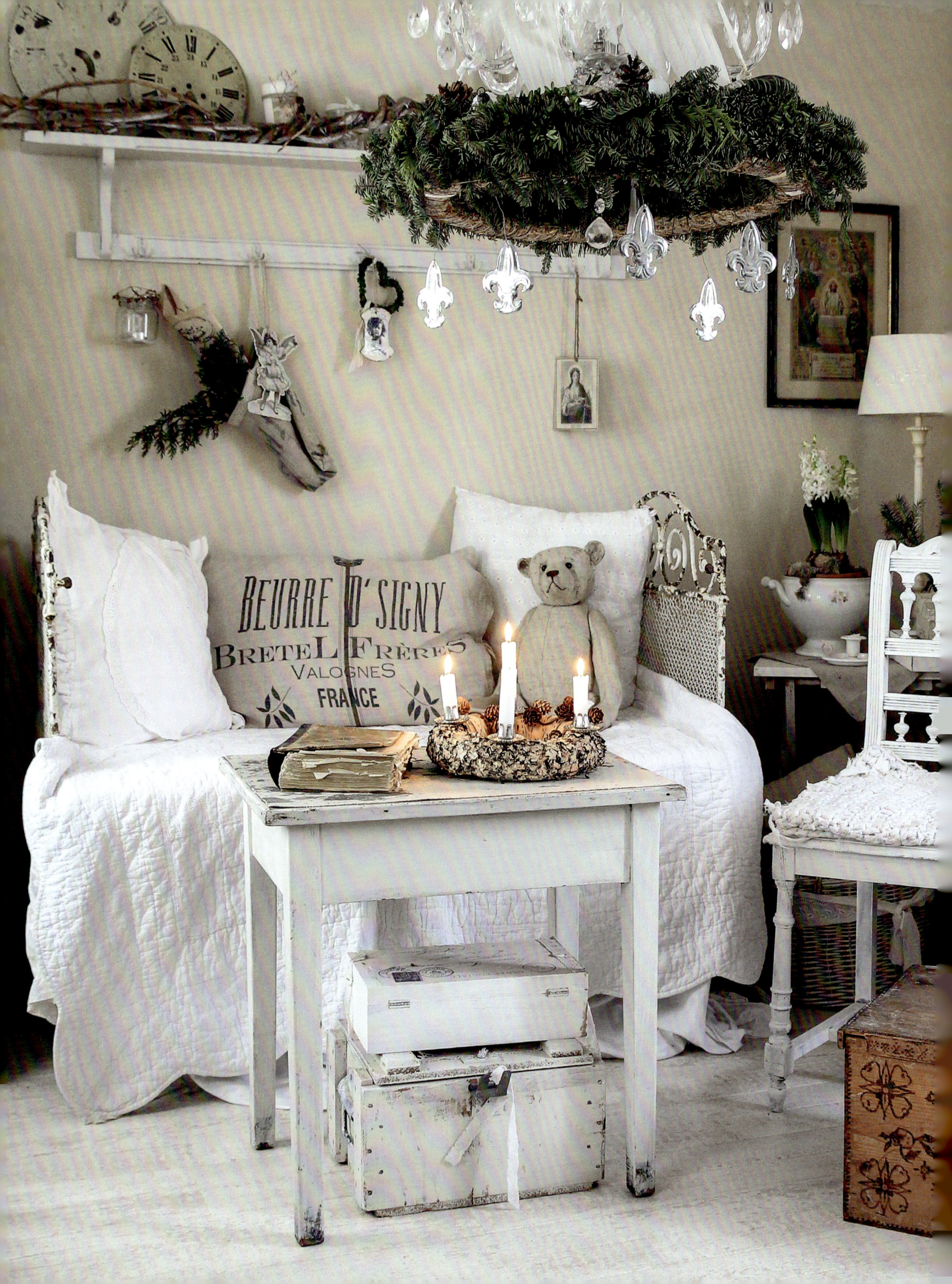
BEURRE D'SIGNY
BRETEL FRÈRES
VALOGNES
FRANCE

White Christmas

Gibt es in diesem Jahr eine weiße Weihnacht oder nicht? Alle Jahre wieder die gleiche Frage! Ich kann getrost mit Ja antworten, denn bei uns gibt es Jahr für Jahr ein weißes Weihnachtsfest, zumindest im Inneren unseres Hauses.

Um diese magische Zeit richtig genießen zu können, wird das Haus schon Anfang November in ein Weihnachtsmärchen verwandelt. Traditionelle Farben wie Rot sucht man bei uns vergebens. Die Räume werden von nostalgischem Bauernsilber und Weiß beherrscht. Adventsgestecke und Kränze, die aus Naturmaterialien gebunden werden, verströmen eine herbe Note und rustikalen Flair.

Viele der Dekorationen wie die Leuchter aus Silber und andere Accessoires passen das ganze Jahr über und bleiben an ihrem Platz. Nordische Schlichtheit und nostalgische Gefäße verwende ich für meine weihnachtlichen Dekorationen am liebsten.

Beim Adventskaffee blicken meine Besucher leicht irritiert auf mein Astgestell mit Tannennadeln. »Oh, der hat leider schon alle Nadeln abgeworfen. Vielleicht solltest Du ihn austauschen?« »Wieso? Den habe ich gestern erst bekommen, der soll so aussehen!«

Meine Vorliebe für lichte, etwas schräge Bäumchen kann niemand so recht nachvollziehen. Und so zelebrieren wir die Vorweihnachtszeit mit Stunden voller Gemütlichkeit und Harmonie. Erst zwischen den Jahren räume ich die weiße Pracht zurück in ihre Kisten, um Platz zu machen für Zwiebelblüher und zarte Pastelltöne.

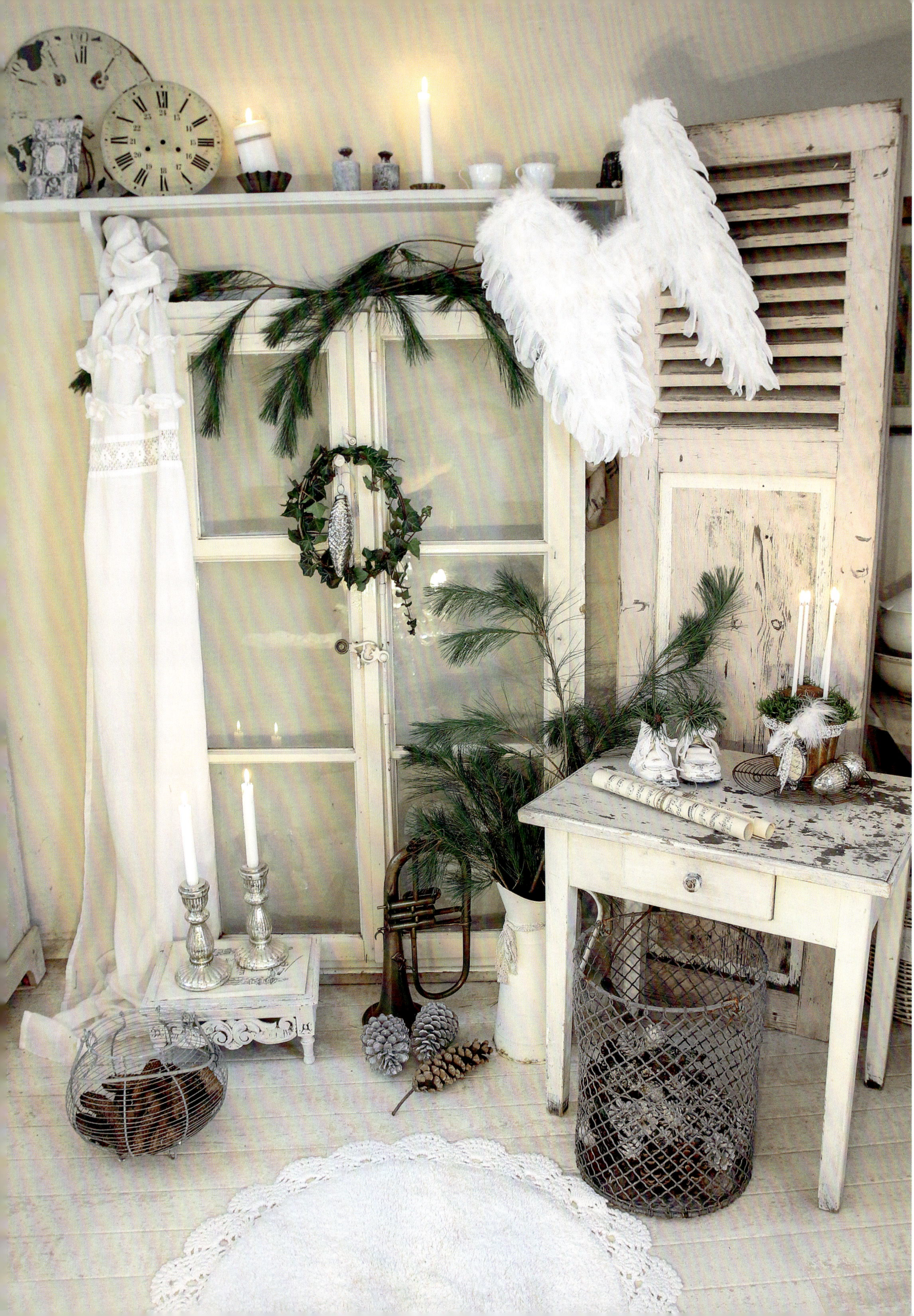

In der alten Puddingform stecken dünne Stabkerzen. Diese Adventsgestecke eignen sich hervorragend für kleine Tische. Die Form bekommt erst im Januar ihr Frühlingskleid übergestreift und wird mit Zwiebelblumen bepflanzt. Die alte Trompete fügt sich wunderbar in die Adventsdekoration ein. Die alten Kinderschuhe habe ich mit Kreidefarbe geweißt und mit Zweigen verschönert.

*Stimmungsvolle Weihnachtszeit
mit Naturmaterialien*

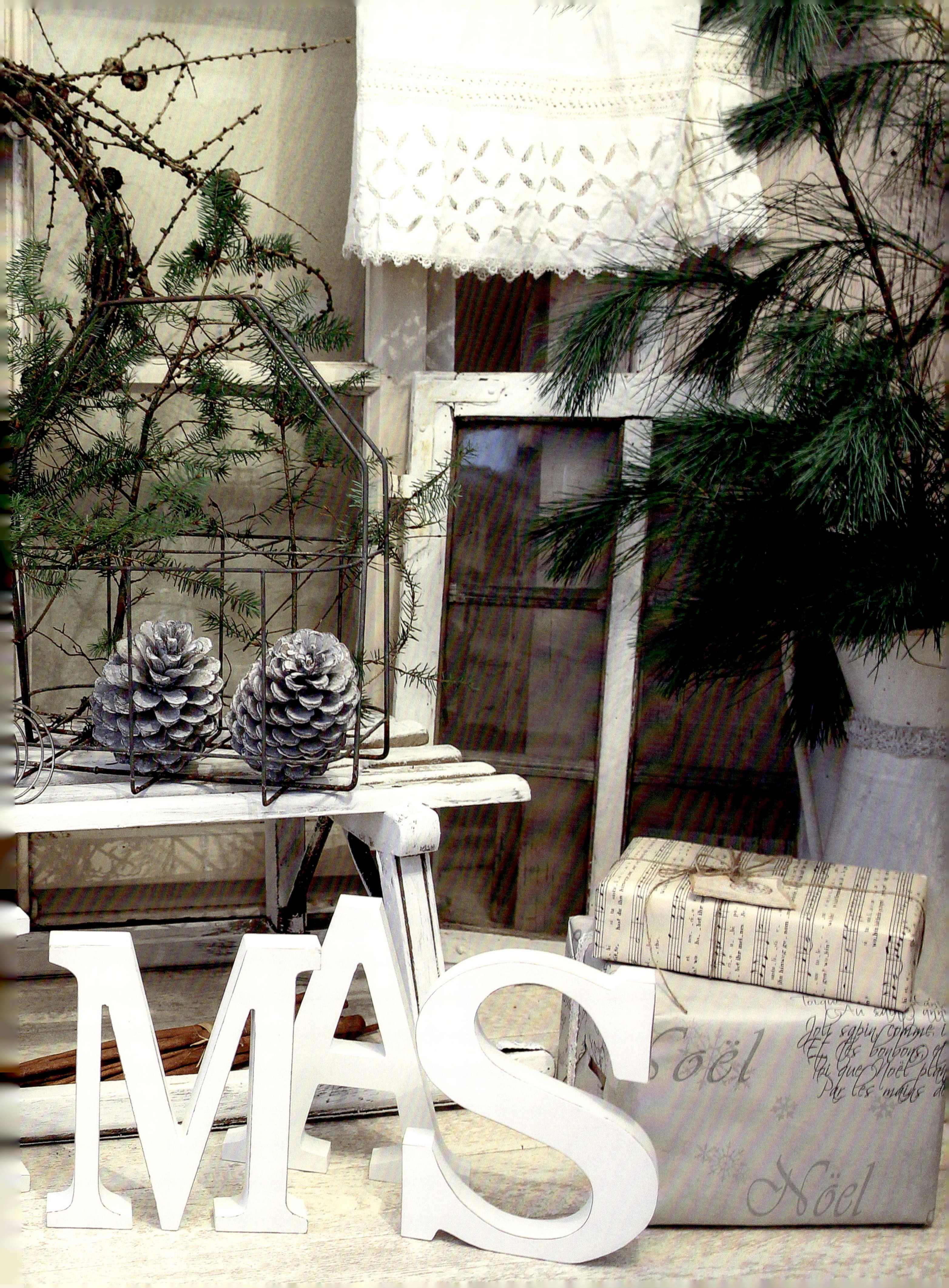
MAS
Noël
Noël

Die alte Speiseglocke harmoniert ganz zauberhaft mit den weihnachtlichen Dekorationen in Bauernsilber. Auf einem alten Teller, verschönert mit einer antiken Baumkette und alten Kugeln, wird daraus ein toller Blickfang. Französische Cloches sind nicht nur zur Weihnachtszeit wunderschön anzusehen. Das ganze Jahr über werden sie neben saisonalen Blumenarrangements in Szene gesetzt. Alte Bücher lassen sich hervorragend ins Weihnachtsgeschehen einbinden. Mit nostalgischer Spitze und Weihnachtskugeln ziehen sie alle Blicke auf sich.

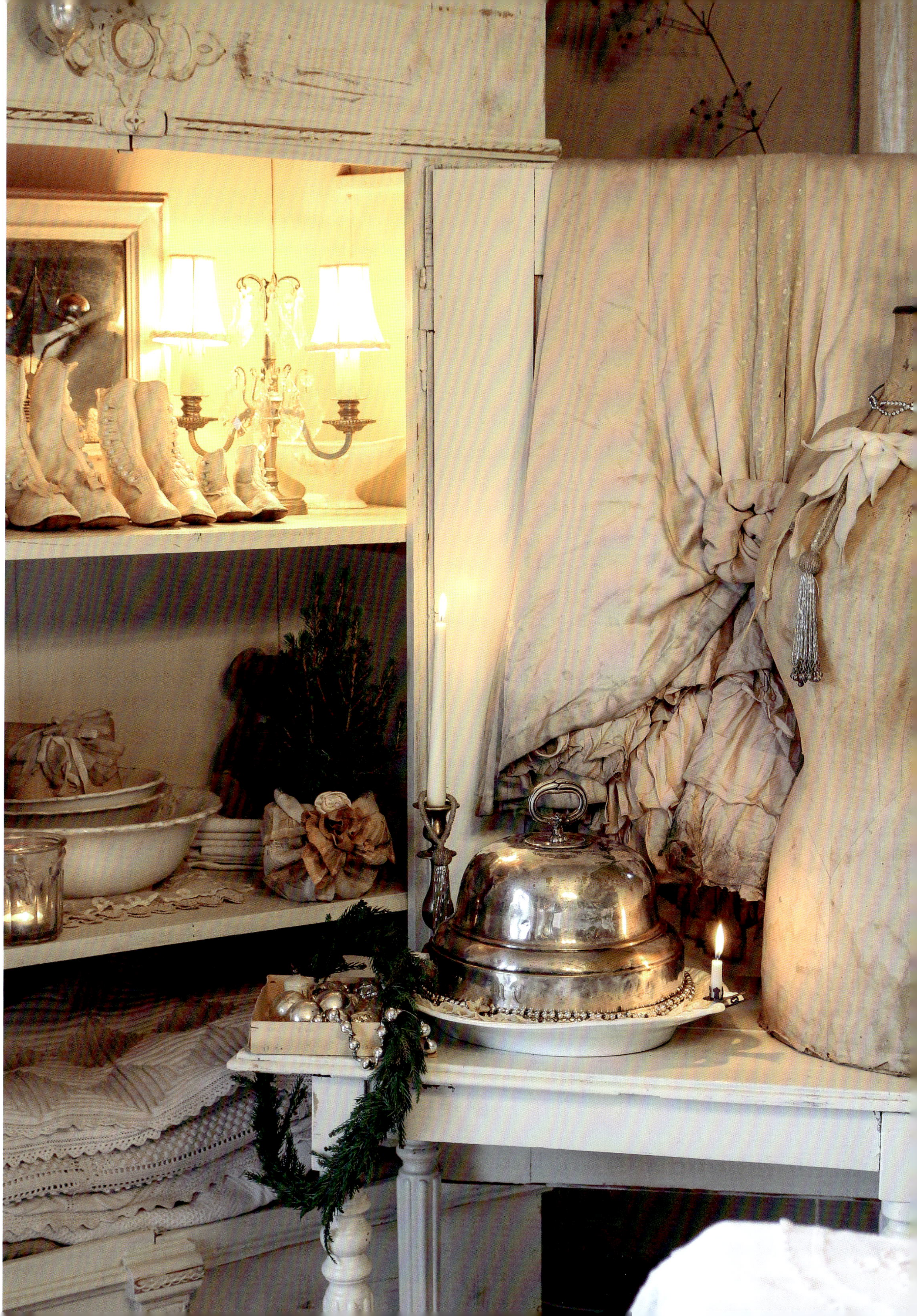

Würziger Tannenduft durchströmt das kleine Boudoir. Ich liebe diese frischen Duftnuancen und dekoriere gerne mit Naturmaterialien. Künstliche Kränze und Weihnachtsschmuck haben bei mir keine Chance. Auf meinen weihnachtlichen Raumduft aus Tannenzweigen, Zimtstangen und feuchter Baumrinde möchte ich nicht verzichten. Der große Kranz an der Decke ist mit verschiedenen alten Backförmchen, kleinen Kugeln und silbernen Fleur-de-Lys-Ornamenten dekoriert. Von unserem Nachbar bekomme ich aus seiner Schonung kleine Tannenbäumchen, die sich in Gläsern wunderbar in Szene setzen lassen. Auch Mops Nelson genießt die weihnachtliche Zeit, denn er liebt meine dekorierten Naturmaterialien. Hier und da fehlen manchmal Zapfen und kleine Rindenstücke, die er gerne zum Spielen verwendet.

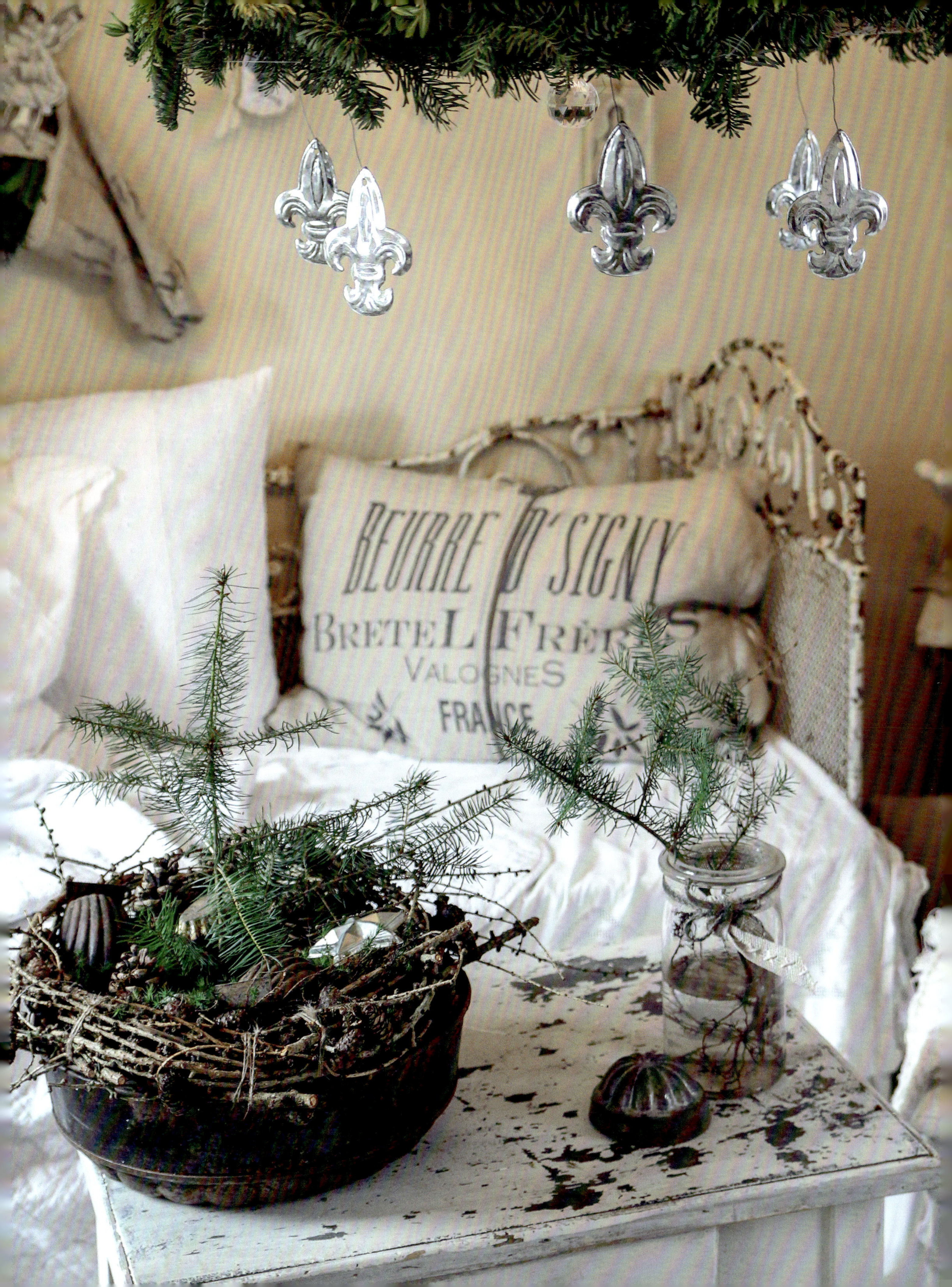
BEURRE D'SIGNY
BRETEL FRÈRES
VALOGNES
FRANCE

*Es muss von Herzen kommen,
was auf Herzen wirken soll.*

Johann Wolfgang von Goethe

Kleider und Engelsflügel wirken romantisch und leicht verspielt. Es bedarf keines großen Aufwands, um damit einen Blickfang zu schaffen. Im Nu sind am Bügel kleine gebundene Kränze befestigt und auch den alten Schneiderpuppen stehen die Flügel ausgezeichnet. Die Szenerie verströmt einen Hauch von nostalgischer Weihnacht.

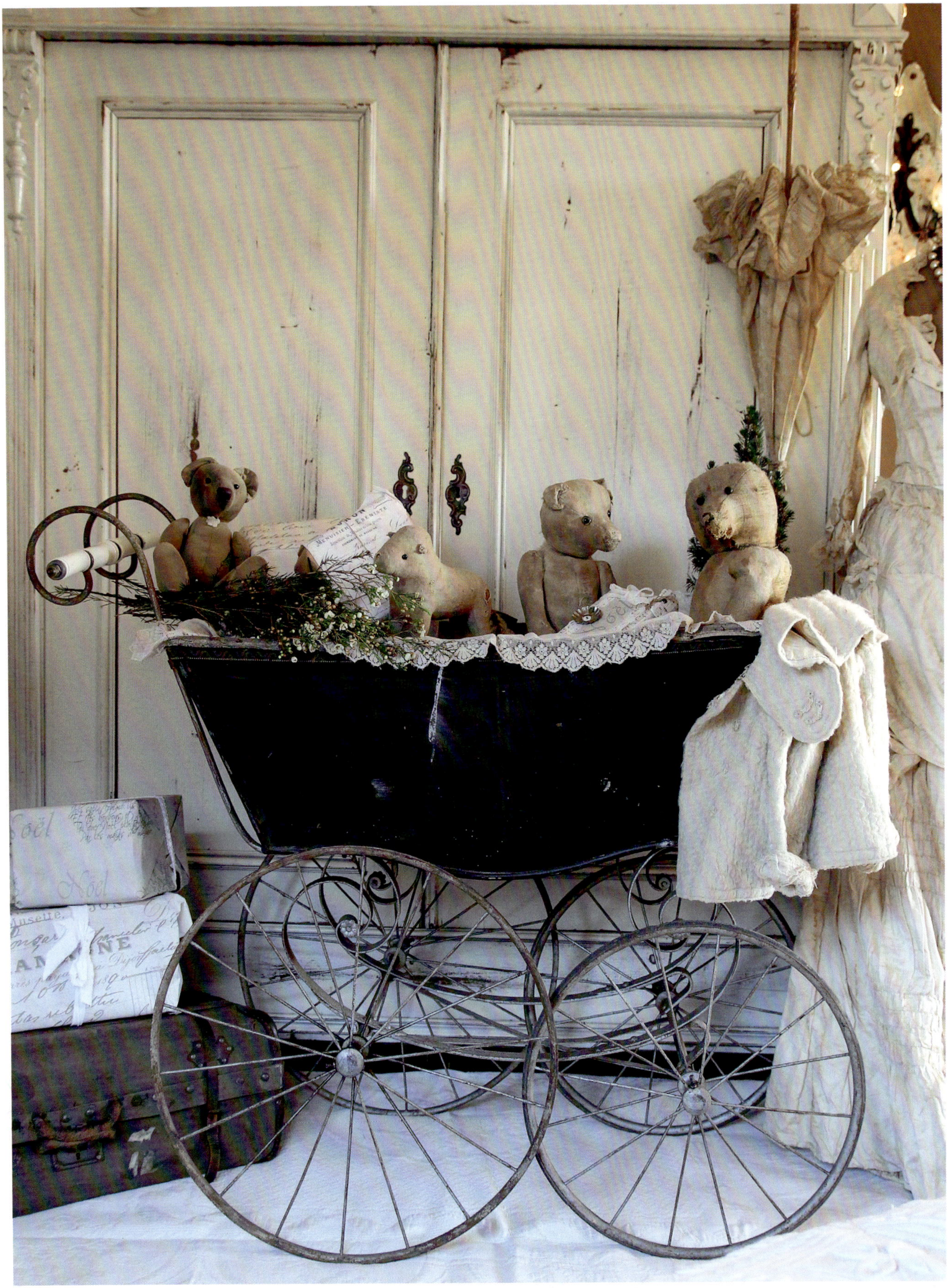

Der Zauber längst vergangener Zeiten liegt in der Luft. Für einen Moment hat man das Gefühl, die Zeit stehe still. Erinnerungen an eigene Kindertage werden beim Anblick des antiken Spielzeugs wach. Vielleicht stand dieses Pferd einmal unter einem Weihnachtsbaum und hat ein Mädchen zu Tränen gerührt. Und so können Puppen, Trommeln, Trompeten, Teddybären und andere schöne Spielsachen mit Weihnachtskugeln und anderen Accessoires geschmückt werden.

Es sind die alten Dinge und Traditionen, die mich in der Adventszeit immer wieder faszinieren und die jedes Land auf seine Weise am Leben hält. Jedes Jahr wird das Haus oder die Wohnung wieder in eine zauberhafte Kulisse verwandelt und bekommt durch den eigenen Stil des Bewohners seine ganz spezielle Weihnachtsnote. Ein Blick in die festlichen Stuben anderer Menschen begeistert mich immer wieder. Da blickt man in Zimmer von opulentem Schmuck oder puristischer Eleganz.

Große Anrichten bieten eine ausladende Dekorationsfläche und altes Geschirr oder Kerzenleuchter, kombiniert mit Kugeln oder einem schönen Gesteck, wirken festlich und elegant. Ich tausche immer mal wieder Dinge aus und so wechselt sich ein alter Kaminspiegel mit einigen alten Fenstern ab. Das Herz besteht aus Eukalyptusblättern, die einfach auf Draht aufgezogen werden.

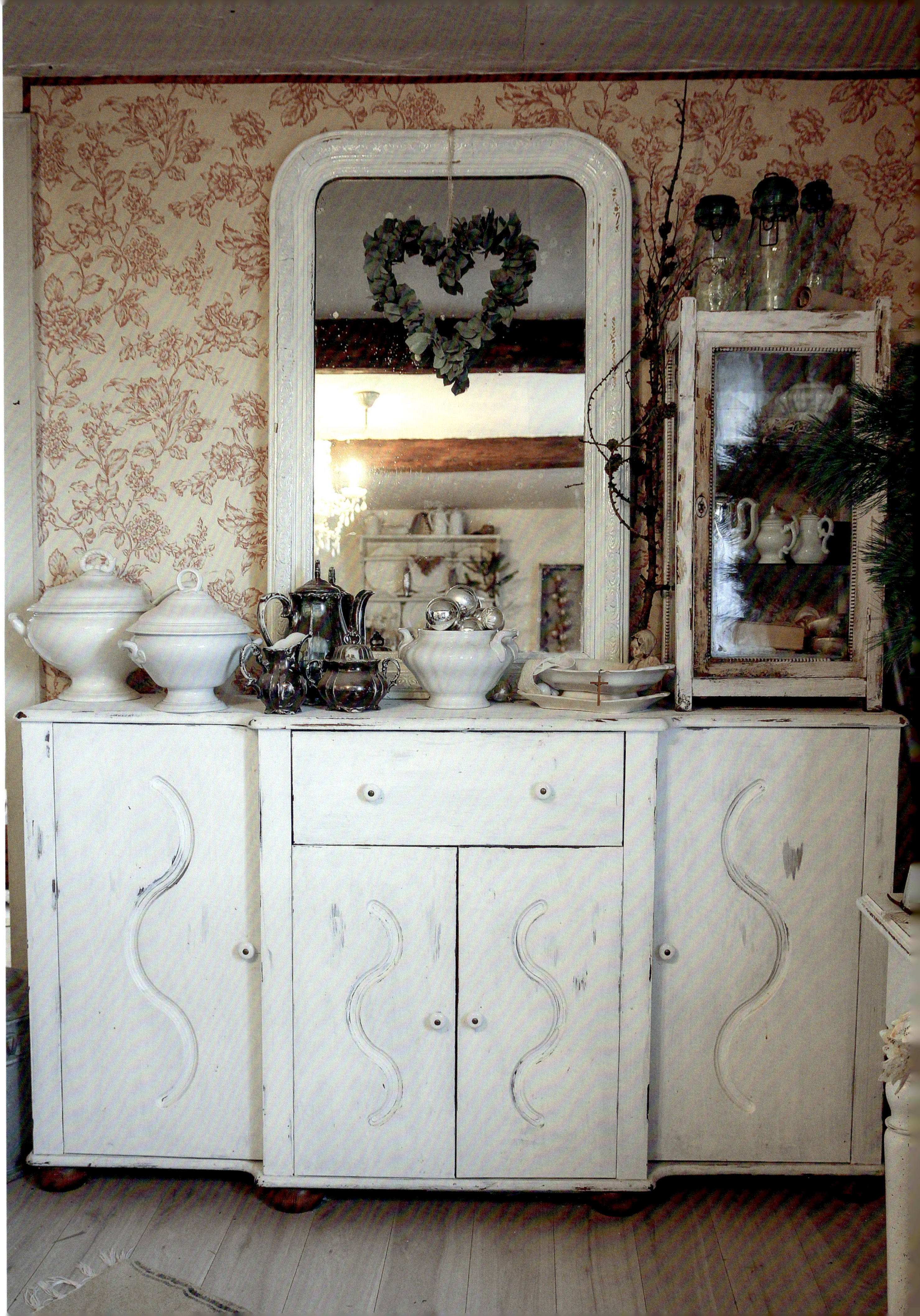

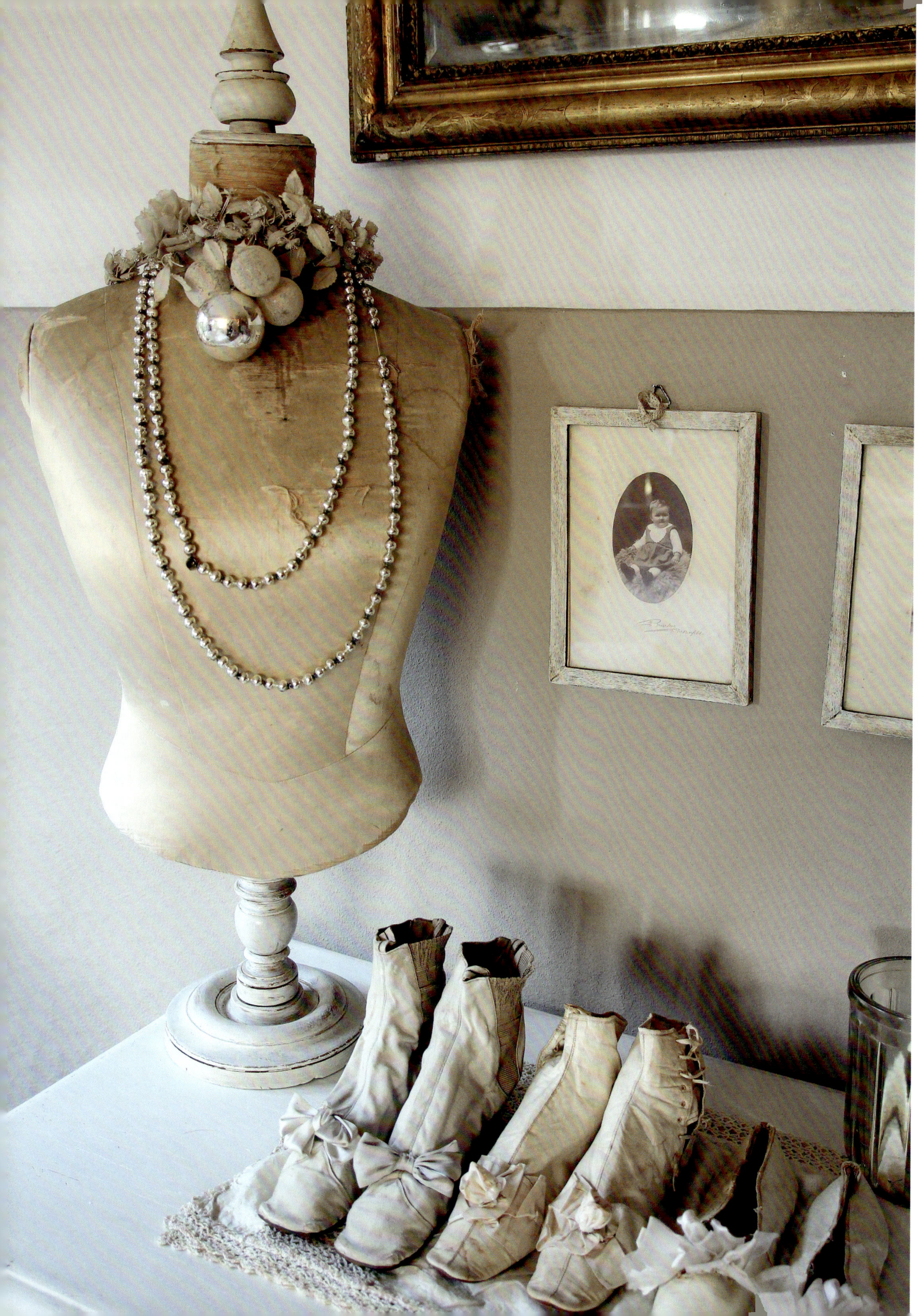

Tradition und Nostalgie

Wenn Sie Weihnachtsstimmung im Vintage-Stil verbreiten möchten, genügen manchmal auch Kleinigkeiten: Eine Kugel, Notenpapier, ein Spitzenband, ein grüner Zweig oder kleine Tannenbäumchen sind ideal für diesen Anlass.
Ich liebe nostalgische Accessoires, und auch hier spiegelt sich meine Liebe zum Detail wider. Ich sehe alte Kleider, Wäsche und Schuhe immer als Dekoration. Sie verschwinden nicht einfach im Schrank hinter der antiken Weißwäsche. Hieraus lassen sich unterschiedliche Stimmungen und Szenen schaffen. Die Schneiderpuppe schmückt eine nostalgische Weihnachtskette aus Bauernsilber in Kombination mit einer Weihnachtskugel. Fundstücke mit eigener Geschichte passen wunderbar zum traditionellen Weihnachtsschmuck und zaubern dem einen oder anderen Gast ein Lächeln ins Gesicht.

Sternschnuppen-Bouquet

Leuchtende Sterne in einem grünen Kleid aus Zweigen und Eukalyptuskapseln.
Der Weihnachtsstern ist der Klassiker in der Adventszeit. Er schmückt nicht nur im traditionellen Rot, mittlerweile gibt es ihn in vielen unterschiedlichen Farbnuancen. Seine Blüten verarbeite ich gerne mit schlichtem Grün zu verschiedenen Sträußen. Hierbei ist weniger oft mehr, da die Blüten recht groß und dominierend sind. Er ist Hauptdarsteller und diese Rolle lässt er sich nicht nehmen. So verzaubert er Töpfe und die Eisenschale.
Durch das grüne Beiwerk verbreitet er ein romantisches oder rustikales Ambiente.
Mit Perlen, Spitzenband und Tüll entsteht ein romantisches Tête-à-tête oder mit Zapfen, Sisalschnur, Baumrinden und anderen Naturmaterialien eine Szenerie im Landhausstil.
Der Fantasie sind keine Grenzen gesetzt. Dazu passen dicke Stumpenkerzen.

143

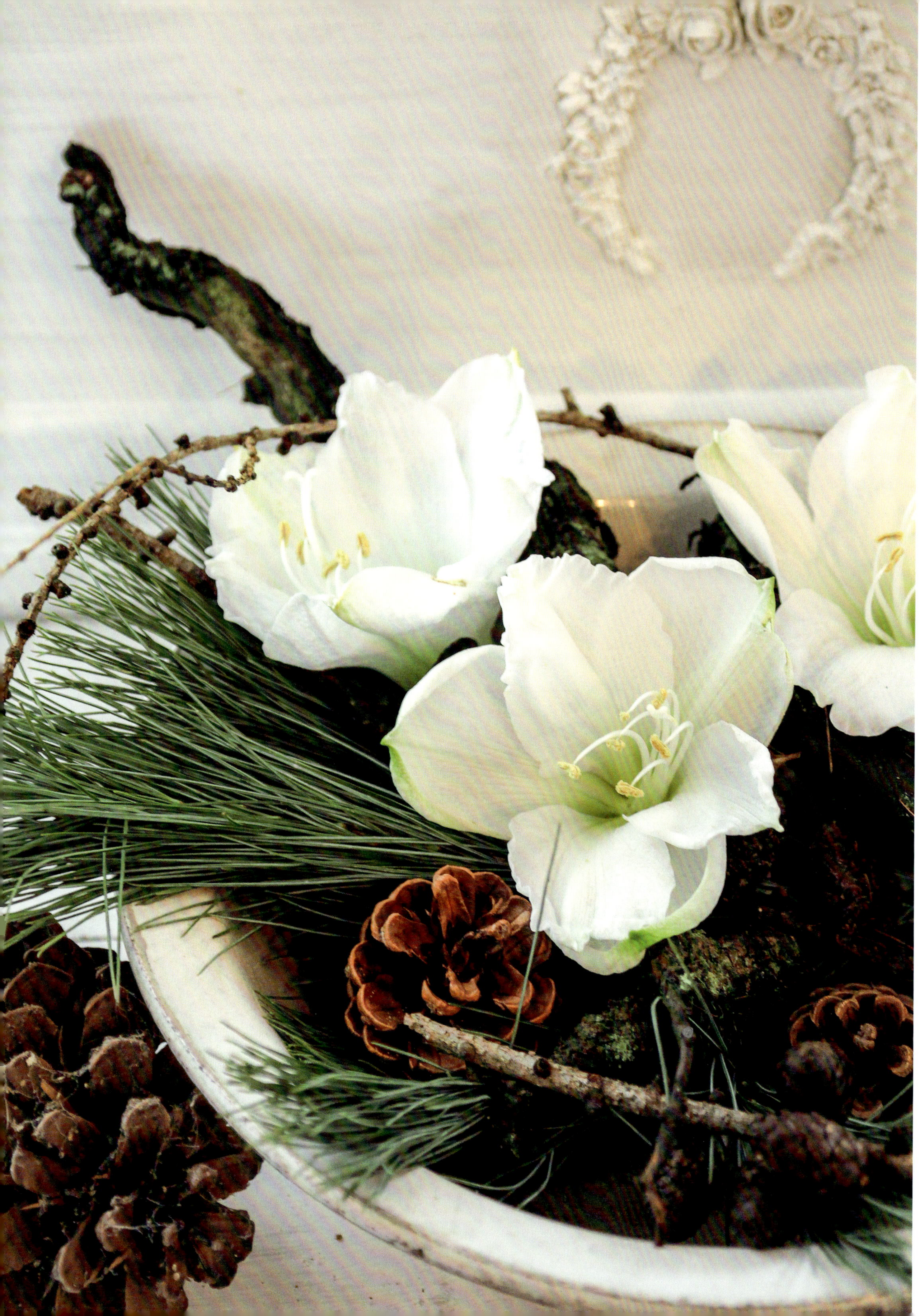

Alte Schale im neuen Glanz

~~~~~~

Duftende Tannenzweige kombiniert mit verschiedenen Zapfen. Elegant fügen
sich die großblütigen weißen Amaryllis in dieses Arrangement ein.
Die Blumen haben jetzt Saison und werden als Schnittblumen und als Topf-
pflanzen angeboten. Mit ihren anmutigen Blüten darf die Amaryllis an
Weihnachten nicht fehlen. Auch im Topf ist sie unschlagbar. Dekoriert in
rustikalen Zinkeimern, hat das Arrangement einen besonderen Charme.
Die Knollen bewahre ich auf, denn bislang hatte ich Glück und sie blühten am
nächsten Weihnachtsfest tatsächlich wieder.

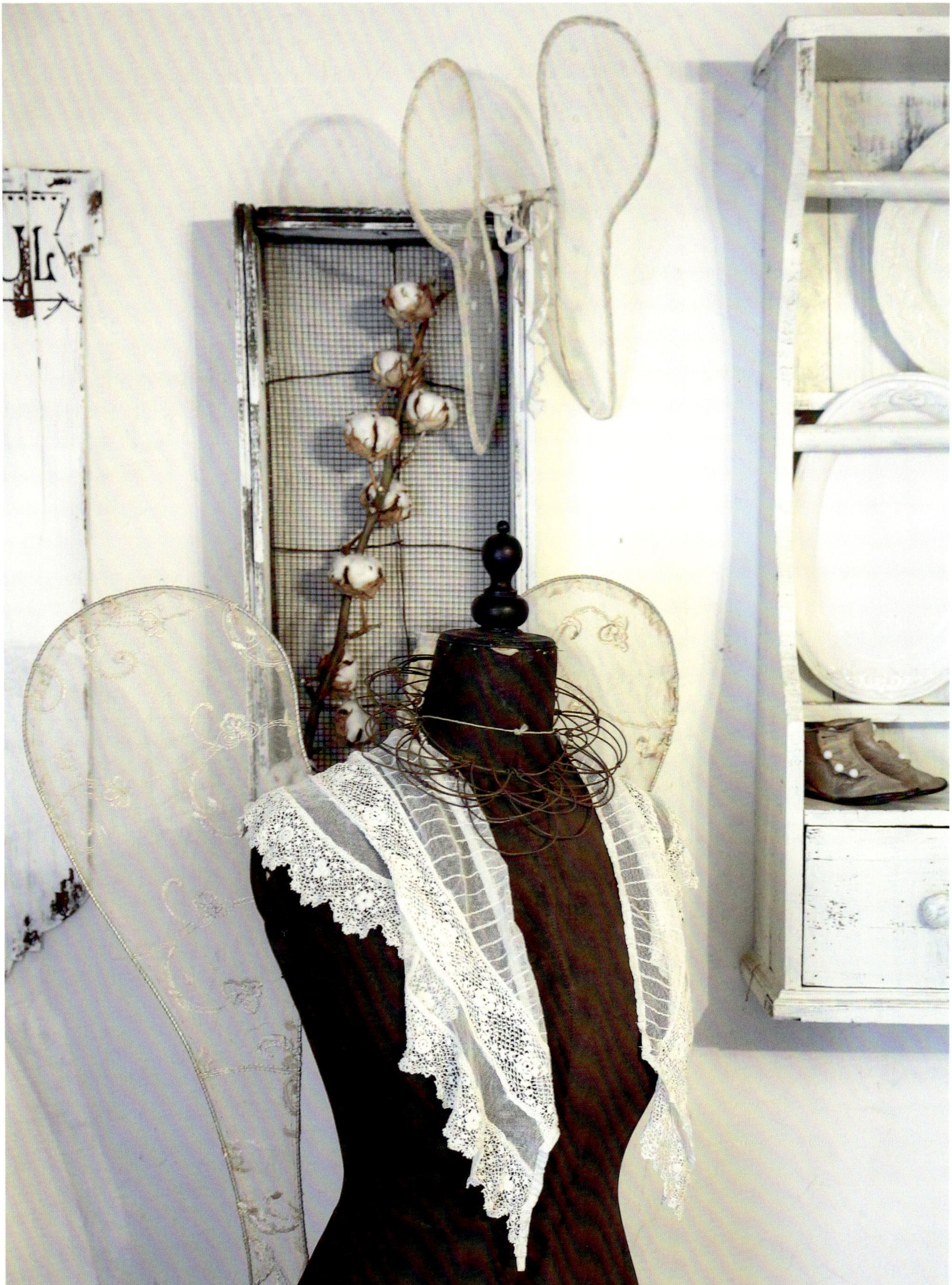

Wenn Engel ganz nah sind

Engel begleiten uns durch die Weihnachtszeit – überall in den Zimmern kann man sie entdecken. Sie werden in Liedern besungen, beschützen in Märchen Kinder und wachen über Groß und Klein. Mit Engeln verbinden wir Hoffnung, Schutz und Trost. Für uns sind sie zauberhafte Wesen. Meine Engelsflügel dekoriere ich nicht nur an Weihnachten. Sie sind viel zu schade, um sie nach dem Fest wieder einzupacken. Ob im Schlafzimmer, an diversen Spiegeln oder an meinen alten Schneiderpuppen, sie sind immer eine schöne Dekoration.

Weihnachtsessen

~~~~

Schon früh am Morgen ziehen verführerische Düfte durch das Haus und lassen erahnen, welche Köstlichkeiten am Abend serviert werden. Der Tisch ist schon mit weißem Geschirr eingedeckt und die letzten Kerzen werden noch rasch in die Leuchter gesteckt. Schon im Vorfeld plane ich mein Menü. Der wichtigste Punkt: Es sollte lecker, aber nicht zu aufwendig sein. Schließlich will ich nicht den ganzen Abend in der Küche verbringen, sondern genügend Zeit für meine Gäste haben. Die Suppe ist schon gekocht. Das Parfait ruht im Gefrierschrank und der Hauptgang ist später im Nu zubereitet. Den Kuchen für den Nachmittagskaffee habe ich am Morgen bereits gebacken. Und jetzt habe ich genügend Zeit, den Tag zu genießen. Der Weihnachtsstress zieht an uns vorbei und ich freue mich auf die Stunden mit meiner Familie.

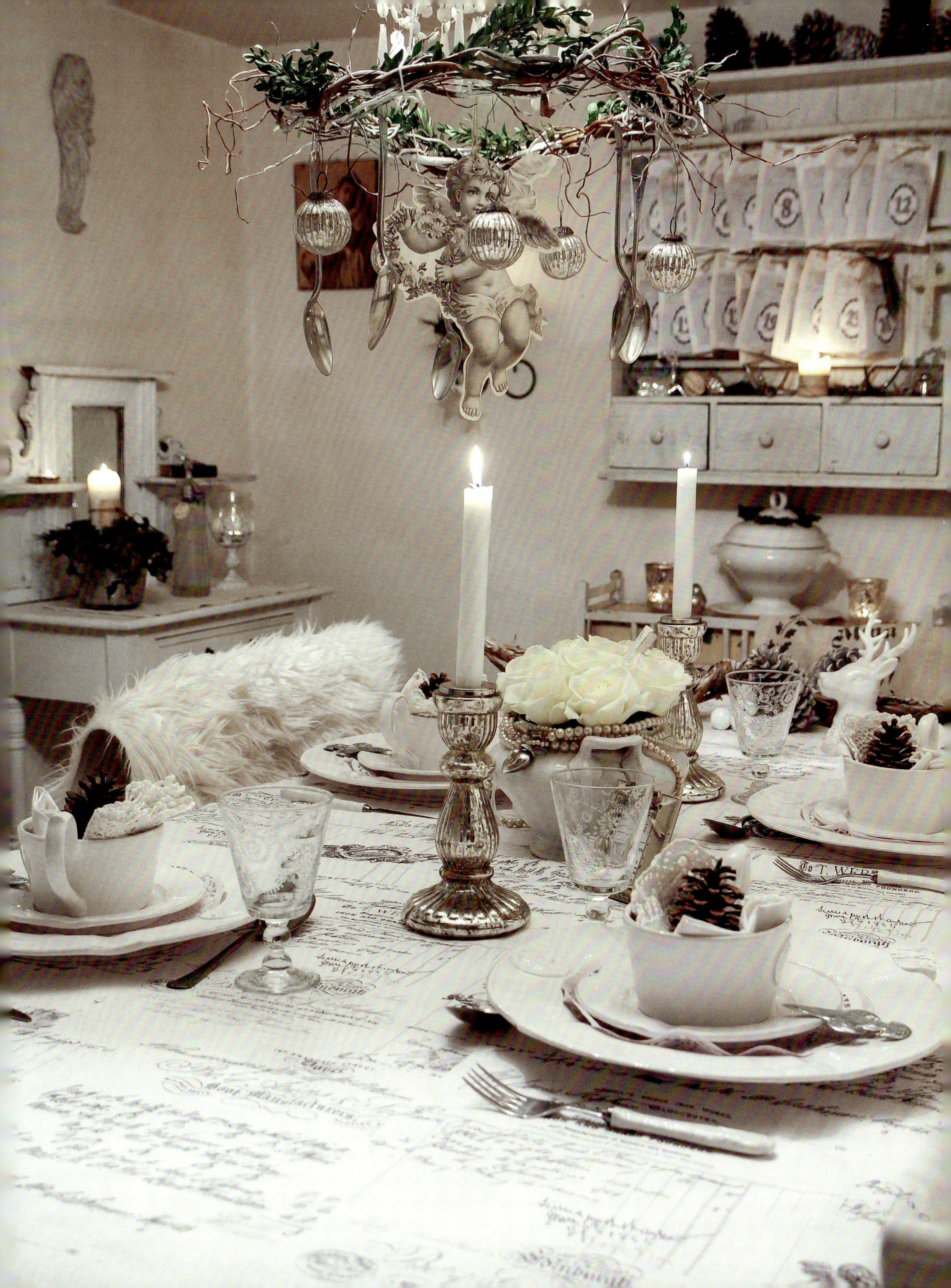

Maronensuppe

1 Stange Lauch
1 Möhre
1 Petersilienwurzel
1 EL Butter
1 l Geflügelfond
400 g geschälte Maronen
200 ml Weißwein
je 1 Prise Zimt und Muskat
100 ml Sahne
Salz und Pfeffer

REZEPT FÜR 4 PERSONEN

Das Gemüse waschen, putzen und fein würfeln. In Butter kurz anbraten, dann mit dem Geflügelfond ablöschen und die geschälten Maronen zufügen. Wein, Muskat und Zimt zugeben und die Suppe zugedeckt etwa 15 Minuten köcheln lassen. Mit Sahne verfeinern und zum Schluss mit dem Stabmixer cremig pürieren.
Mit Salz und Pfeffer abschmecken.

151

Rehfilet mit Cranberry-Sauce

4 EL Butterschmalz
800 g Rehfilet, küchenfertig und ausgelöst
Gewürzmischung für Wild
2 Orangen
200 ml Portwein
¼ l Rotwein
2 Handvoll frische Cranberrys
Butter
Salz und Pfeffer
2 EL Johannisbeergelee

REZEPT FÜR 2 PERSONEN

Das Butterschmalz in einer Pfanne zerlassen. Das Filet mit dem Wildgewürz einreiben und in der Pfanne von beiden Seiten scharf anbraten. Die Fleischstücke in Alufolie einwickeln und im vorgeheizten Backofen bei 80 °C ca. 25 Minuten durchziehen lassen; sie sollten zartrosa sein. Den Bratensaft mit dem Saft von 1 Orange und etwas abgeriebener Orangenschale ablöschen. Nach und nach Portwein und Rotwein zugießen und die Flüssigkeit immer wieder reduzieren. Anschließend die frischen Cranberrys zugeben, bis sie aufplatzen. Die Butter hinzugeben und die Sauce mit Salz und Pfeffer würzen. Zum Schluss noch 2 Esslöffel Johannisbeergelee einrühren. So wird die Sauce schön fruchtig.

Pastinakencreme

300 g Kartoffeln
300 g Pastinaken
Milch
Muskat
Salz und Pfeffer
30 g Butter

REZEPT FÜR 2 PERSONEN

Kartoffeln und Pastinaken schälen, würfeln und in Salzwasser in etwa 25 Minuten weich kochen. Abgießen und mit heißer Milch zu einem cremigen Püree verarbeiten. Mit Muskat, Salz und Pfeffer würzen. Zum Schluss die Butter einrühren.

Rosenkohlblätter mit Maronen

400 g Rosenkohl
30 g Butter
100 g Maronen (vorgegart, fertig gekauft)
1 Likörglas Wermut (nach Belieben)
100 ml Sahne
Salz und Pfeffer
Muskat

REZEPT FÜR 2 PERSONEN

Die äußeren, festeren Blätter des Rosenkohls entfernen und nur die zarten, grünen Blätter verwenden. Das Innere kann halbiert werden. Die Butter zerlassen und die Rosenkohlblätter bei mittlerer Hitze etwa 5 Minuten darin anschwitzen. Die Maronen eventuell etwas zerkleinern und zum Rosenkohl geben. Mit dem Wermut ablöschen, kurz einkochen lassen, dann die Sahne zugießen. Weitere 5 Minuten köcheln lassen und mit Salz, Pfeffer und Muskat würzen.

153

Stollenparfait

2 Eigelb
1 EL Zucker
1 Vanilleschote
100 g Stollen
2 EL Cognac
150 ml Sahne

REZEPT FÜR 4 PERSONEN

Am Vortag die Vanilleschote längs aufschlitzen und das Mark herauskratzen. Die Eigelbe mit dem Zucker und dem Vanillemark cremig rühren. Den Stollen in Cognac einweichen und dann unter die Creme mischen. Die Sahne steif schlagen und unterheben. Eine Form mit Frischhaltefolie auslegen und die Masse einfüllen. Die Masse über Nacht ins Gefrierfach stellen, damit sie schön durchkühlt. Kurz vor dem Servieren das Parfait aus der Form stürzen, in Scheiben schneiden und auf Tellern anrichten.

Den Stollen können Sie je nach Geschmack durch Lebkuchen oder Weihnachtsplätzchen ersetzen. Statt Cognac können Sie auch Ihren Lieblingslikör verwenden.

155

Vintage Rose
Shabby Kalender

Nachwort

Zwischen Weihnachten und Silvester wird es still im Haus. Zarte Engel und Silberglanz wandern zurück in die Kisten. Während die meisten Menschen den Weihnachtszauber bis in den Januar hinein genießen, räume ich bereits auf und schaffe Platz für das Neue, das nun bald kommt. Frische Blumen werden im Haus verteilt und die vorgezogenen weißen Frühblüher machen Vorfreude auf den Frühling. Zwischen weißen Ranunkeln und zartrosa Tulpen genieße ich meinen Tee und blättere durch die neuen Staudenkataloge.

Wir stehen kurz vor einem neuen Jahr. Was mag es bringen? Nehmen Sie sich nicht allzu viel vor und planen Sie lieber in kleinen Schritten. Seien Sie nicht enttäuscht, wenn Sie Ihre guten Vorsätze nicht gleich umsetzen können. Vielleicht ist der richtige Zeitpunkt noch nicht gekommen. Doch es ist gut, neue »Anfänge« zu planen, denn plötzlich scheint alles möglich. Nicht nur in der Weihnachtszeit entstehen kleine Wunder. Vielleicht werden nun auch Ihre Träume wahr.

Ich wünsche Ihnen ein wundervolles Jahr mit vielen zauberhaften Momenten.

Ihre
Belinda Anton

Dank

Ein besonderer Dank geht an meinen Verlag. Weihnachten ist für mich immer etwas ganz Besonderes. Es war daher eine Riesenfreude, an diesem Buch zu arbeiten.

Mein Dank geht an Susanne Klar, die mich immer wieder bei meinen neuen Ideen unterstützt!!! Schön, dass Sie mich auf diesem Weg begleiten.

Lieber Andre, auch bei meinem vierten Buch unterstützt Du mich. Du bist mir Berater, Vorkoster und eine Hilfe bei all meinen Träumen. Schön, dass es Dich gibt!

Ein herzliches Dankeschön an Euch, liebe Jacqueline und Silke, die ihr mir so wunderschönes Deko-Material bereitgestellt habt.

An alle meine lieben Freunde lieben Dank für Eure Unterstützung und Motivation! Es ist schön, Menschen wie Euch an der Seite zu haben.

Und zu guter Letzt möchte ich meinen Lesern danken, die mich vielleicht auch bei meinem vierten Buch begleiten werden. Ohne sie hätte es kein zweites und drittes Buch gegeben. Und so freue ich mich jeden Tag darüber, meine Leidenschaft in Wort und Bild mit ihnen teilen zu können. Herzlichen Dank.

Ihre
Belinda Anton

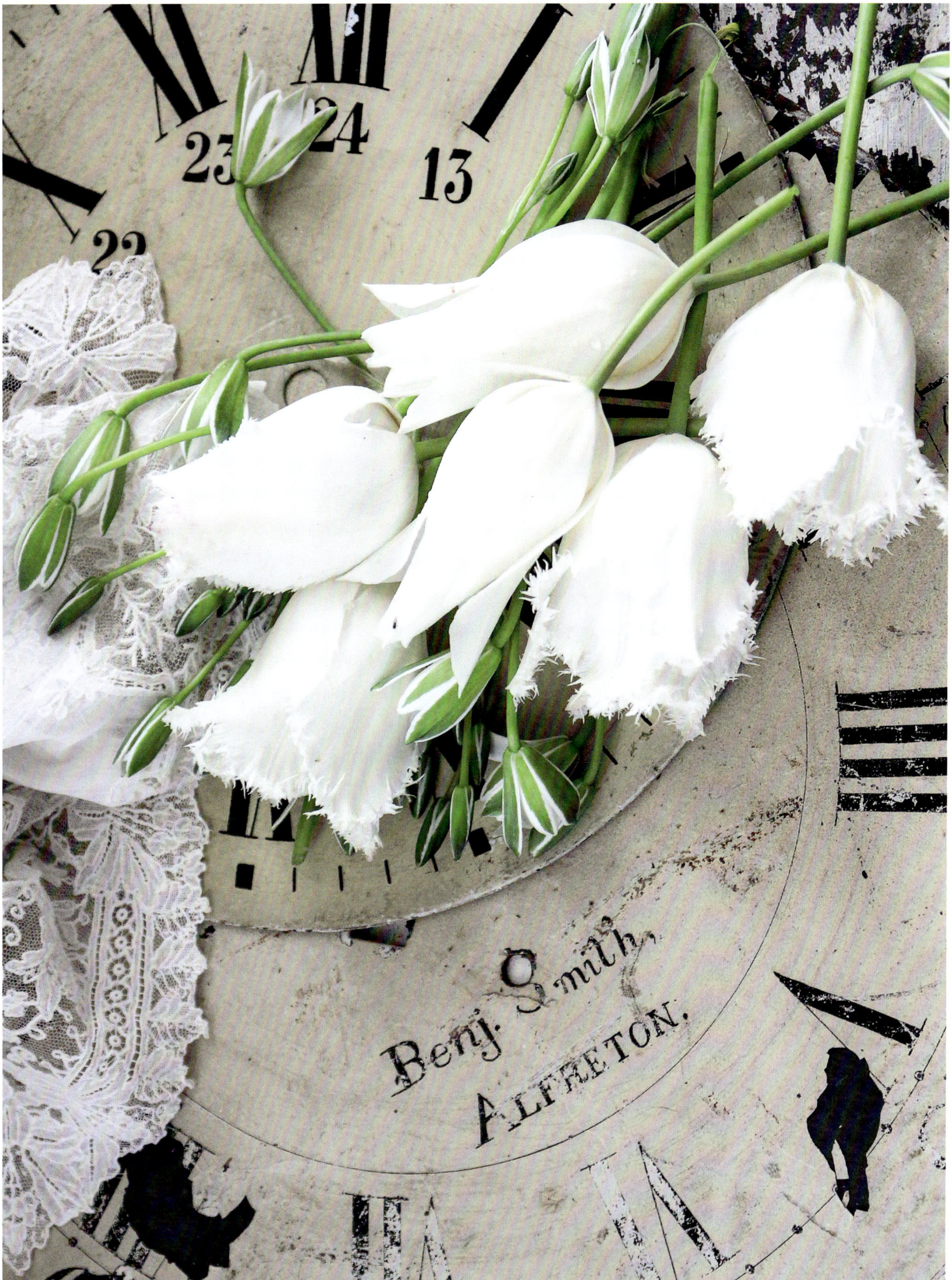
23
24
13
22
Benj. Smith,
ALFRETON.

Bezugsquellen

Mehr über mich

Blog: www.emelysrosecottage.blogspot.com
Website: www.belindaanton.de

Meine Lieblings-Backshops

www.pati-versand.de
www.aureliebastian.de
www.tortissimo.de

Schöne »Shabby«-Accessoires

www.princessgreeneye.net
www.lapetitebrocanterie.com